⇒ 致敬每个工作岗位上的爸爸们

专为
爸爸定制的
亲子礼物

BABA PEIWOWAN
(爸爸版)

爸爸陪我玩

爸爸的陪伴影响孩子一生

昭 然 ◎ 著

北京日报出版社

图书在版编目（CIP）数据
　　爸爸陪我玩：爸爸的陪伴影响孩子一生/昭然著．
-- 北京：北京日报出版社，2020.1
　　ISBN 978-7-5477-3479-7

　　Ⅰ.①爸… Ⅱ.①昭… Ⅲ.①儿童教育—家庭教育
Ⅳ.① G782

中国版本图书馆 CIP 数据核字 (2019) 第 210165 号

爸爸陪我玩：爸爸的陪伴影响孩子一生

出版发行：	北京日报出版社
地　　址：	北京市东城区东单三条 8-16 号东方广场东配楼四层
邮　　编：	100005
电　　话：	发行部：（010）65255876
	总编室：（010）65252135
印　　刷：	天津旭丰源印刷有限公司
经　　销：	各地新华书店
版　　次：	2020 年 1 月第 1 版
	2020 年 1 月第 1 次印刷
开　　本：	787 毫米 ×1092 毫米　1/16
印　　张：	14
字　　数：	185 千字
定　　价：	45.00 元

版权所有，侵权必究，未经许可，不得转载

前言 Preface

"公司里的工作真是太忙了,每天陪孩子的时间都很少。一想到这个问题,就会觉得好内疚。"很多家长都担心陪伴不够会给孩子造成不可逆的伤害,有的父母甚至想要辞职,尤其是看到别的家长有很多时间陪孩子,就会觉得自己不称职。

与"失陪"的父母做法完全不同的是,有些父母虽时时刻刻都陪在孩子身边,但却是"假陪"。因为他们的关注点不在孩子身上,对孩子"陪而不伴"。有的父母带孩子去游乐场所,让孩子自己玩;有的父母虽然积极参加一些亲子活动,活动过程中却总是让孩子去找别的小朋友玩,自己在一旁低头玩手机。

"失陪"和"假陪"都不是正确的陪伴方式。美国国家儿童健康与人类发展研究院曾做过一项历时很久的研究,结果显示,没有任何一项指出"家长上班对孩子有负面影响"。高质量的陪伴不是时时刻刻陪在孩子身边,也不是偶尔一次的全家旅行,而是每天抽出一点时间和孩子待在一起,心无旁骛、全身心投入,和孩子一起享受当下的活动。

爸爸"失陪"或"假陪",很容易让孩子产生这样一种印象:"对于爸爸来说,我还不如他的工作重要。""爸爸可能不喜欢我,我是一个不可爱的孩子。""爸爸爱工作胜过爱我。"在这样的信念下，孩子很难建立良好而稳定的自我价值感，容易形成自卑、退缩、自我怀疑的人格。这极其不利于孩子今后的发展。

那么，作为爸爸应该怎样陪伴孩子呢？"陪着孩子一起玩儿，是最好的亲子手段。"和孩子一起观察蚂蚁、一起堆沙堡或者一起散散步，都可以培养孩子的想象力，激发孩子探究生活的热情。

一位美国教育家曾说，能够促使孩子在学习能力测试中得到高分的最大因素，莫过于孩子经常与家人一起吃晚饭。

晚饭时间，是全家人一天中最美好、最轻松的时光。一首歌、一部电影、一本书、一条新闻，都可以成为在餐桌上相互讨论的话题。餐桌时间，是我们和孩子创造平等愉悦的谈话氛围的最好时机，也是对孩子进行教育的最好时机。

爸爸陪孩子一起阅读，也是孩子养成良好的阅读习惯的好方法。很多爸爸会在家里摆满书，想让孩子自发、自主地去探索书中世界。但是科学研究发现，如果只是给孩子买一堆书，对孩子阅读能力的提升不大，而最有效的方法是父母的陪伴、互动。比如，爸爸陪孩子一起看绘本，给孩子讲睡前故事。爸爸可以让孩子看他喜爱看的书，自己在一旁看自己的书，看完后爸爸和孩子可以相互交流，做到把阅读嵌入孩子跟爸爸的日常互动里。

在孩子的成长过程中，不听话、调皮捣蛋是常有的事，爸爸不要因为一点小事儿就发脾气。教育专家指出动不动发脾气无法很好地教育孩子。脾气越大，教育效果越差。一方面，常发脾气的爸爸，可能会教育出多疑、敏感、心理脆弱、不善于表达、性格内向的孩子。另一方面，发脾气还会遗传，爸爸脾气暴躁，孩子很容易形成叛逆、好斗的性格，动不动就喜欢用武力来解决问题。所以，作为爸爸一定要学会与自己的情绪友好相处，用温柔而坚定的语气和孩子沟通。

在我们选择成为父亲之时，我们的行为举止、一言一行就注定会改变一个人。

　　家庭教育的真谛不是教，更不是管，而是引导与示范。爸爸需要做的是不断对孩子进行鼓励，是"蹲"下来"陪"孩子"看"世界。爸爸才是孩子最好的老师。工作忙、没时间陪孩子的父亲，请尽量留一些时间给孩子吧，倾听他们的心声，重视他们的感受，陪他们慢慢长大。父亲事业上的成功永远无法弥补家庭教育的失败。我们只有一次机会去参与孩子的成长教育，千万不要错过！

昭　然
2019 年 6 月

目录 Contents

第一章 爸爸的陪伴，影响孩子的一生 // 001

1. 事业很重要，孩子更重要 // 001
2. 爸爸，我不要玩具、新衣服，只要你陪我一会儿 // 004
3. 出差在外的爸爸，也可以有效陪孩子 // 008
4. 你不是在陪孩子，你是在玩手机 // 010
5. 你从不付出，就什么都不会得到 // 013

第二章 孩子最需要爸爸陪伴的 8 个时刻 // 017

1. 婴儿期安全感的建立源自对父母的依恋 // 017
2. 重要的节日，要和孩子一起度过 // 019
3. 睡前 30 分钟很关键，陪伴必做的事 // 022
4. 孩子被孤立，要陪孩子慢慢解决问题而不是代替解决 // 025
5. 孩子生病，需要爸爸守在身边细心呵护 // 028
6. 孩子遭受挫折，爸爸要耐心引导 // 030

7. 孩子难过失落向你求助，用"同理心"去体谅 // 033

8. 孩子刚进入一个新环境时，爸爸要帮助适应 // 036

第三章 陪着≠陪伴，"有效陪伴"才是给孩子最好的爱 // 039

1. 陪孩子的时间并不一定是越长越好 // 039

2. 别因没时间陪孩子，就用最好的物质生活来补偿他 // 042

3. 爸爸至少要每天给孩子一个拥抱 // 044

4. 你真的会和孩子聊天吗 // 047

5. 关注孩子的情感需求 // 050

6. 如何陪孩子过一个有意义的假期 // 052

第四章 爸爸陪孩子"玩"，究竟有多重要 // 055

1. 陪孩子下棋，培养孩子"输得起"的精神 // 055

2. 陪孩子爬山，培养孩子的耐力和毅力 // 058

3. 陪孩子做科学小实验，激发孩子的好奇心和探索热情 // 060

4. 陪孩子一起放风筝，培养孩子的耐心 // 061

5. 和孩子一起玩水，给孩子带来快乐 // 063

6. 和孩子一起画画，丰富孩子的想象力 // 065

7. 陪孩子一起去做志愿者，让孩子体验生活 // 067

8. 和孩子去游泳，做孩子的保护神 // 069

第五章 爸爸为什么一定要经常陪孩子吃饭 // 072

1. 12岁之前，你与孩子在饭桌上聊什么决定他的未来 // 072

2. 陪孩子吃饭，是你进入孩子世界最好的机会 // 074

3. 陪孩子吃饭，和他的成绩之间的关系 // 077

4. 爸爸该教孩子的餐桌礼仪，对他将来好处太多了 // 079

5. 记住，永远不要在饭桌上训斥孩子 // 082

6. 别领着孩子在电视机前吃饭 // 084

第六章　爸爸看大人的书，小孩看小孩的书 // 087

1. 每个爱读书的孩子背后都有一个"书虫"爸爸 // 087

2. 孩子的阅读兴趣，正在这样被你毁掉 // 089

3. 孩子的"阅读敏感期"，你了解吗 // 091

4. 陪孩子逛商场不如逛书店和图书馆 // 094

5. 为什么要让孩子看世界名著 // 096

6. 避免照本宣科，念书给孩子听有诀窍 // 100

7. 功利性阅读，会害了你的孩子 // 102

8. 尽信书则不如无书，批判性阅读可以活跃孩子的思维 // 105

第七章　爸爸必知陪孩子学习的正确方式 // 109

1. 为什么有些爸爸越不管，孩子成绩就越好 // 109

2. 如何让孩子自觉主动地完成作业 // 112

3. 孩子问问题，忍着别直接给答案 // 116

4. 放低姿态，主动向孩子请教 // 119

5. 孩子成绩差，爸爸要做的是鼓励 // 122

6. 留点儿课余时间，让孩子自由玩耍 // 125

第八章 那些"失陪"孩子心里的伤和痛 // 128

1. 爸爸妈妈离婚了,我成了没人要的孩子 // 128
2. 被爷爷奶奶带大,她说"我永远觉得自己是孤儿" // 131
3. 孩子生理知识的空白与无助 // 134
4. 寄养,孩子一生的痛 // 137
5. 曾经的留守儿童长大后是个什么状态 // 139

第九章 爸爸如何应对与孩子的分离 // 143

1. 出差时不要悄悄"开溜",学会与孩子正确告别 // 143
2. 不肯去幼儿园,坚持还是妥协 // 145
3. 小学就把孩子送寄宿制学校,你想过孩子的感受吗 // 148
4. 对待孩子要懂得适当放手 // 151
5. 这样做,可以帮助孩子减少依赖性 // 153

第十章 爸爸陪孩子走过叛逆的青春期 // 157

1. 青春期孩子乱发脾气怎么办 // 157
2. 青春期孩子总和你对着干怎么办 // 160
3. 青春期的孩子不愿意同你沟通怎么办 // 163
4. 青春期孩子早恋怎么办 // 166
5. 青春期孩子抽烟怎么办 // 169
6. 青春期孩子热衷于打扮怎么办 // 172
7. 青春期孩子总是与人打架怎么办 // 175
8. 青春期孩子离家出走怎么办 // 178
9. 青春期的孩子为什么会自杀 // 181

第十一章　陪伴的力量，你当温柔且坚定 // 185

1. 总是忍不住对孩子发火，事后又后悔 // 185

2. 冲孩子发火后，如何快速修复亲子关系 // 188

3. 将积极倾听的技巧进行到底 // 191

4. 任何时候都不要恐吓孩子 // 194

5. 对孩子说"不"越早越好 // 197

6. 孩子越打越逆反 // 200

7. 如何给孩子定规矩 // 203

8. 面对孩子的无理要求，坚持原则不妥协 // 206

第一章 爸爸的陪伴，影响孩子的一生

1. 事业很重要，孩子更重要

网络上曾有一篇名为《我的爸爸在华为》的文章，作者吴可染是一个小学三年级的学生，他有一个在华为公司上班的爸爸，每天都很忙碌。忙到没时间回家、没时间吃饭，甚至经常"不辞而别"。很多网友看到这篇文章后纷纷表示，在加班文化盛行的今天，最受伤害的还是孩子。

有比奥巴马还忙的爸爸吗？

在养育孩子这场大戏上，似乎总是妈妈在扮演主角，父亲则常常处于配合的位置，甚至缺席。有调查显示，50%的爸爸每周陪孩子的时间平均不足5小时！每天跟孩子有效的沟通时间不超过6分钟！心理学研究表明：学龄前、童年期、青春期，孩子成长的不同阶段需要不同的沟通与陪伴，父亲母亲都不能缺位。父亲角色的缺失，不利于孩子人格的形成与完善。

每当孩子说："爸爸，你陪我玩一会儿好吗？"有些爸爸可能会回答:"我哪有工夫陪你玩?""我还忙着赚钱养你呢"。对此,著名的教育专家尹建莉说:"我想对那些以'工作忙没时间''应酬多没办法'为由的家长说一句:你们简直够了!忙不过是你们的理由和借口,你的事业再大能大过奥巴马吗?"

米歇尔曾在演讲中谈及奥巴马,她说不管多忙,奥巴马每晚仍然会和女儿一起吃饭,耐心回答她们的问题,为她们交朋友的事出谋划策。在晚餐时间,奥巴马的开场白通常是这样的:"今天在学校怎么样?""和朋友们相处得好吗?"……

除此之外,奥巴马还积极参加孩子们的活动,在场边给她们加油。他鼓励孩子们学跳舞,玩排球、橄榄球,练钢琴和网球等,更是经常带着孩子们到游乐场游玩……

难道奥巴马的工作不忙吗?奥巴马政府的助理表示:"总统的日程以5分钟为单位细分,甚至包括会议间隔中的5分钟休息时间。"奥巴马也在节目里说过,当总统后,自己常到凌晨2点才能睡觉,早上7点就要起床。

然而,从议员到总统,无论身居什么位置,有多忙碌,奥巴马都会尽量抽出时间陪伴在孩子身边,读书、聊天……奥巴马曾经说过,他最骄傲的一件事是即使在长达21个月的总统选举中,也从未缺席过一次家长会。

有爸爸陪伴的孩子更聪明

科学研究发现,与爸爸接触少的孩子,在体重、身高、动作等方面的发育速度都会落后同龄孩子,并普遍存在焦虑、多动、依赖性强等特征。而爸爸对育儿的参与程度越高,孩子就越聪明,适应力也更强。在爸爸精心照顾下成长的孩子,性格更加完善,也更富有责任感。

父亲在孩子的成长过程中扮演着母亲所不能替代的角色。父亲通常给予男孩子榜样的力量,给女孩子以安全感。很多研究都指出,男孩子在4岁以前,父亲角色缺失会使他缺乏男性力量,易于女性化;女孩子在5岁以前缺乏父爱,在青春期与男孩交往时会焦虑、羞怯或无所适从。

父亲在和孩子玩游戏时，与母亲也有所不同。一般而言，妈妈陪伴孩子，会受到很多的限制，比如，要在万无一失、确保安全的前提下玩，不能弄脏、不能受伤。而与爸爸玩就不同了，爸爸一般性格比较粗犷，更喜欢冒险和探索、刺激，有的父亲还会充分鼓励孩子思考和积极采纳孩子提出的各种富有创意的玩法。在确保安全的前提下，父亲的游戏方式更利于孩子坚毅、勇敢的品质的形成。

同样，相对于母亲，可能父亲的动手能力更强，如修理车辆、电器、修整园林等。父亲带领孩子一起去动手操作，能够激发孩子探索欲、想象力和创造性。孩子动手实践能力越强，越能促进自身智力水平的发展。

父亲还会影响孩子的社会化行为。这是因为在与孩子游戏的过程中，爸爸会帮孩子建立游戏规则，培养规则意识，这能提高孩子的自我控制能力。研究表明，自我控制水平越低，孩子的问题行为越多；自我控制水平越高，孩子的社会化行为水平会越高。而长期缺乏父爱的孩子极有可能会患上"缺乏父爱综合征"，从而造成认知、个性、情感等多方面的障碍和缺陷。

写给爸爸的话：如何增进和孩子之间的关系

"一个好父亲胜过100个校长。"无论爸爸有着什么样的理由，都不能成为忽略孩子的借口。那么，在生活压力大、工作繁忙的客观条件下，爸爸如何扮演好"子女人生道路上的领路人"这一角色呢？以下几件小事都可以增进父亲和孩子的关系。

和孩子一起运动

爸爸的运动神经比起妈妈来说往往更发达。运动对发育期的孩子的骨骼、肌肉、心血管系统等都极为有利。爸爸们赶快动起来吧，带着孩子去打球、跑步、骑脚踏车，充分享受运动的快乐。

和孩子一起阅读

阅读不是一个简单的获取知识的过程，还包括了亲子关系的构建。

在带孩子读书的过程中，爸爸可以帮助孩子阅读、观察、思考，从而构建一种亲密温馨的亲子关系。

带孩子冒险

小孩3岁以后，特别需要爸爸带他们走进自然，去探索和冒险。孩子受点儿皮肉伤，爸爸通常不会大惊小怪。孩子若遇到危险，爸爸也能及时反应，提供安全性高的冒险环境。

和孩子制造美好的体验

第一次带孩子去看球赛、看电影、参观海洋馆……与爸爸共有的种种第一次，是很多人一辈子也忘不了的事。和爸爸在一起玩耍的时光，能带给孩子安全感与美好回忆。这能给予孩子强大的力量，令孩子安然挺过人生中的难关与挫折。

作家提姆·温顿曾说："我的爸爸并没有带我们去经历冒险或者做刺激的事，恰恰相反，我们共同经历的事情都很平常，但这些时光却令我难忘。即便是跟爸爸一起到外面闲逛这类平常小事，也充满了温馨，所以童年生活是我一生的温暖回忆。"

2. 爸爸，我不要玩具、新衣服，只要你陪我一会儿

越来越多的年轻父母迫于生计的压力，在城市里无法兼顾养育孩子的任务，无奈只能把孩子送回老家。这些孩子平时和爷爷奶奶或者姥爷姥姥生活在一起，很久才能见父母一面。他们知道爸爸妈妈回来的时候会给自己带新衣服、新玩具，但他们还是渴望爸爸妈妈能陪在自己身边，哪怕没有新衣服和玩具。

你没时间陪孩子长大，孩子便没时间陪你终老

欣欣的爸爸是外企中层领导，非常上进。而欣欣则长期由爷爷奶奶照看。如今欣欣9岁了，和爸爸大概只能一年见两次面。

欣欣刚被送到爷爷奶奶家的时候，晚上睡觉前经常哭。爷爷奶奶看着眼泪汪汪的欣欣，不停安慰她："爸爸挣钱给你买玩具，买新衣服去了。"欣欣边哭边说："我不要玩具，不要新衣服，只要爸妈能多陪我一会儿。"在那段日子，欣欣每晚都是哭着入眠的。

欣欣爸爸背地里和欣欣的奶奶抱怨："闺女怎么跟我一点儿都不亲呢？"欣欣奶奶无奈地说："你都不陪她，她怎么和你亲？"在欣欣9岁生日的那天，爸爸对欣欣说："为了将来送你去更好的学校，给你更好的生活，爸爸要去赚更多的钱，没有时间陪你，你不要恨爸爸。"

欣欣似懂非懂地点点头，语气平淡地说："不恨爸爸，我长大以后，也会赚很多钱，送你去最好的养老院……"欣欣爸爸听后一阵心酸。

爸爸的陪伴有多重要

著名作家张爱玲个性独特，高冷、孤傲，是个严重缺乏爱、渴望爱的女子，而这有很大一部分原因来自她的家庭。张爱玲的父亲对家里的事不闻不问，只顾着吸鸦片、逛戏院、泡赌场。而张爱玲的母亲在她小时候就远赴国外留学。由于张爱玲的父母错过了女儿成长的最佳的陪伴期，以至于张爱玲和父母之间一直有不可逾越的隔阂，恩恩怨怨纠缠了一辈子。

很多爸爸会说："我也想时时刻刻都陪在孩子身边，可是身不由己，我要赚钱给孩子提供更好的生活。"很多父母都误以为给孩子打造高品质的生活方式，买进口食品、昂贵玩具、名牌童装就是对孩子最好的爱，却常常忽略了孩子内心的真正渴望。

对于孩子来说，比起物质需求，他们更需要爸爸妈妈的情感联结。他们不希望父母缺席自己的任何一个成长阶段。他们需要安全感、归属感、幸福感，需要建立起足够的自信去面对未来的生活，需要有完整的人格去应对一切磨难与挫折……

爸爸的陪伴，不但能为孩子在婴幼儿时期打下高智商、高情商的基础，更能因融洽的亲子关系让我们的教育"入脑入心"。现实已经给了我们足够的教训。在学校里，"问题少年"几乎毫无例外都有一个不够温暖的家庭。至于留守儿童引发的问题，无一不和"缺少父母陪伴"有关。

心理学研究发现，孩子小时候如果可以与爸爸建立深度依恋，成年后与别人也易于建立深厚的感情。犯罪心理学显示，与爸爸有成熟依恋的人，成年后肢体犯罪率明显下降，原因是依恋可促进人的共情能力，有良好共情能力的人看到别人痛苦自己也会难受，当他冲动地想伤害别人的时候内心充满着被伤害感，这会阻止他对他人实施伤害。

所以，做爸爸的不妨每天抽出半小时，和孩子吃过晚饭后一起去散散步、聊聊天。双休日还可以带孩子出游、踏青、放放风筝，享受大自然美景的同时，也增进了亲子感情。哪怕是陪孩子说一会儿话，逛一会儿公园，聊一聊小时候的趣事等，都是很好的陪伴。

写给爸爸的话：如何利用碎片化的时间来陪伴孩子

很多职场爸爸都会感到焦虑，自己虽然像"陀螺"一样一刻不停地忙，但工作上一直没有突破，又时常因为忙碌感到对孩子有所亏欠。其实，职场爸爸是可以做到平衡孩子教育与事业发展的。我们只要利用好碎片化的时间，就能更好地陪伴孩子，给孩子更好的教育。那么，具体怎么做呢？

利用上学和放学的时间

我们千万不要小看每天接送孩子的十几分钟时间，如果充分利用，也会是一个愉悦的体验。如果步行，我们可以一边走一边跟孩子聊聊今天自己的工作计划，或者孩子的老师、同学们的趣事。如果开车，我们可以让他先记住沿途熟悉的风景又有了哪些变化，回头再告诉我们。

如果因为时间关系，我们不能每天接送孩子，偶尔可以给孩子一个小惊喜。先跟老师说好，中午接孩子出来吃顿大餐，或者在一个特别的日子满足孩子的一个心愿。

利用准备晚餐的时间

准备晚餐的时间是美妙的亲子时间。我们可以请孩子帮忙收拾桌子、摆放餐具。大一些的孩子,还可以给他准备一个"操作台",给他配置一块专门的菜板和一把不太锋利的刀子,让他跟我们一起切水果蔬菜。

我们和孩子一边做饭,一边聊天,告诉他胡萝卜里有维生素A,吃了会让眼睛变得明亮……这样既拉近了跟孩子之间距离,又给孩子生动地上了一堂"营养科普课。"

利用清洗衣物的时间

男孩子一般都比较淘气,刚换的一身新衣服,不到十分钟就弄脏了,家长说了无数遍也不管用。最好的办法就是让他跟我们一起洗衣服,泡一泡搓一搓,让他知道,原来洗干净一件衣服需要花费这么大的力气。这样他下次在玩闹的时候就会有些顾忌,懂得爱惜。

不过让他跟我们一起洗衣服的时候,一定要分配任务给他,是负责洗袜子还是手套,不然"洗衣活动"就很有可能会变成一场"玩水游戏。"

利用处理杂务的时间

家里总是会有杂七杂八的事务,比如交水电煤气费、去银行取钱、排队买东西之类。我们做这些事,往往都是见缝插针地挤时间去做,其实完全也可以带着孩子一起。只不过原来你5分钟可以搞定的事情,带着孩子就可能需要30分钟。那也没关系,我们因此还多了一段独处的亲子时间。孩子是很享受跟大人一起去"办事"的过程的。

带孩子出门办事的过程中,我们要以身作则,给孩子树立好榜样,不插队,有耐心,并对办事人员礼貌客气,这些都会被孩子印刻在记忆里。

爱的方式有很多种,爸爸给孩子的陪伴也不必拘泥于时间和形式。也许我们不能时刻陪伴在孩子身边,但依然有一些办法可以让我们更高效地处理问题,成为孩子心中最棒的爸爸。

3. 出差在外的爸爸，也可以有效陪孩子

父亲的一举一动都能影响到孩子的身心成长。尤其是最近几年，《爸爸回来了》《爸爸去哪儿》这样大型亲子节目的播出，更是将父亲教育孩子的话题推至舆论的高潮。父亲在孩子生命中起到的作用，是任何人都不能替代的。

然而，承担家庭重担的爸爸往往工作繁忙、时常加班，这在很大程度上减少了与孩子在一起的时间。但是，一个聪明的父亲，纵然经常出差，也可以有效地陪伴自己的孩子。

父亲在孩子成长中起的作用，任何人无法取代

萧萧的爸爸是个工程师，常年在国外工作。但是萧萧从来不会感觉爸爸不爱他，因为萧萧每天都能接到爸爸的电话。不管是在睡觉以前，还是在去上晚自习的路上，爸爸都会问他，今天有什么有趣的事情吗？尽管每天打电话的时间并不长，但萧萧却觉得心满意足。

在孩子成长的过程中，父亲的角色是母亲所不能取代的。生活中很多父亲性格刚强、心胸开阔、社会经验丰富。

儿童心理学研究表明，孩子们现在所表现的行为，和父亲的教养是分不开的。幼儿期是孩子形成正确性别角色的关键时期，男孩会模仿父亲的语言、行为，逐步在脑海里树立"男子汉"的概念。女孩从父亲那里学会如何和异性打交道，这对孩子的身心发展有很大的促进作用。

越来越多的资料显示，父亲对孩子的影响力不仅表现在智力上，还涉及情感、品德等诸多方面。孩子如果长期缺乏父爱，很可能在认知、体格、情感的诸多方面出现障碍与缺陷，甚至使孩子患上"缺乏父爱综合征"。

哈佛大学研究发现，孩子生下来有两个方向，其一是亲密性，其二是独立性。父亲在培养孩子的独立性上有着天然的优势。英国前首相撒切尔夫人一回忆起自己的成长，"感谢父亲"就会成为她的口头禅。

出差在外也可以有效陪孩子

有这么一位父亲，为了让妻子和女儿能够更好地生活，他全身心地扑在工作上，每天早出晚归不说，还经常出差，留给孩子的时间非常有限。

但是，纵然是这样忙碌，他从来都不会忘了为自己的孩子制造惊喜。

有时孩子起床，会惊奇地发现，自己的床头多了一幅漂亮的画，或者孩子常常能看到爸爸趴在书桌上细心地给她作画。纵然父亲出差时，也会给孩子用心准备小礼物，预备着出差回来的时候送给孩子。

虽然爸爸和孩子在一起的时间不多，但父女俩感情非常好。

写给爸爸的话：经常出差，如何陪伴孩子

时间虽然是父亲和孩子建立情感的先决条件，但是一个智慧的爸爸纵然是经常出差，也可以做到有效地陪伴自己的孩子。

如何做一个智慧的父亲，怎样有效陪伴自己的孩子呢？这里提出几点建议。

无论走到哪里，都要把孩子记在心里

身为一个父亲，无论走到哪里，都应该和孩子保持联系，让孩子对你所在之地产生兴趣。只要父亲心里有孩子，无论是在天涯海角，孩子都能感受到父亲对他的爱。

一位女博士说，在她小时候，父亲总是出差，但是每次回来都给她带回各式各样的卷笔刀。经年累月，卷笔刀居然攒了上千个。她过8岁生日的时候，父亲特意从遥远的地方发来电报，祝她生日快乐。纵然父亲不在她身边，但父亲对她的爱，从来没少过。

带着孩子体验自己的职业生活

研究者提出，在孩子上了中学后，父亲对孩子的影响力会大大上升，父亲应该尽可能多地为孩子创造积极拓展性的体验机会，从而让孩子在职业生活中激发自己的梦想，选择一条更适合自己的人生之路。

西藏的一个五口之家，引起大家的广泛关注，因为家里的三个孩子全部是博士。这个家庭的父亲是一名司机，常常利用孩子的寒暑假，带着孩子去跑长途，孩子们在顶风冒雪中知道了生活的艰辛。最后，三个孩子都学业有成，他们还相互约定，不伸手向家里要一分钱，要靠自己的努力去赚钱，供自己读书学习。

对于孩子的游戏，要用心参与

和妈妈相比，父亲更愿意陪孩子去玩一些动作幅度大的游戏，更愿意陪着孩子到户外探险，让孩子去自主探索。

父亲在孩子的游戏上用心参与，将自己开朗、大气的一面展现在孩子面前，更能让孩子觉得"我老爸最棒"，从而产生更进一步的骄傲感、自豪感。

古人说，"养不教，父之过。"身为一个父亲，在孩子的成长中应该尽到自己的责任和义务，哪怕是出差，也不要忘了将孩子记在心里。

4. 你不是在陪孩子，你是在玩手机

网络上有人用"世界上最远的距离是我在你身边，而你却在玩手机"这样的句子来调侃现在的年轻父母，这些父母无论是吃饭、睡前、走路都在看着手机，即便是自己的子女在身边"千呼万唤"，都唤不回他们的"青睐一眼"。

有篇叫《脸宝的爸爸妈妈被手机抓走了》的漫画红遍网络。漫画中，小脸宝一直有个问题想不通，她不知道手机究竟是个什么妖怪，为什么爸爸妈妈都那么爱它——妈妈什么时候都要带着它。爸爸上厕所都要带着它。在脸宝心里，手机剥夺了爸爸妈妈对她的爱。她只好跟着熊宝玩，因为熊宝不会看手机。

陪孩子还是陪手机

豆豆爸爸每个周末都会"陪"孩子。白天，他把豆豆带到游乐场后，立马催促她去和别的小朋友玩，自己拿出手机来刷微博、玩游戏或者看

喜欢的节目。他还心安理得地认为：“我平时工作太忙了，看看手机放松一下。"

彤彤周末和爸爸一起去海洋公园，彤彤拉着爸爸的衣角说："爸爸，你看那个水母真漂亮。"爸爸只顾和朋友微信聊天，对彤彤的话充耳不闻。后来，爸爸好不容易聊完微信，又开始拿着手机不停地拍海洋公园的小动物，然后抓紧时间将拍到的图片、视频上传到朋友圈。一天玩下来，彤彤并没有感到很开心。

很多爸爸误以为自己陪在孩子身边便是尽到最大的义务了，如果你让孩子在一边玩，自己却埋头刷手机，那么你不是在陪孩子，而是在"陪手机"。

陪孩子时玩手机，是对孩子的"冷暴力"

爸爸下班一回家，就接到了班主任的投诉电话，说上课让妞妞起来回答问题，她当没听见；问她为什么，她却不吱声。

爸爸放下电话，问妞妞怎么回事，妞妞沉默。爸爸说："那你就想想再和爸爸说。"但直到吃过晚饭，妞妞也没说什么，反而看起了动画片。

爸爸耐心地问她，为什么不理老师，她眼睛依然盯着电视屏幕，什么也不说。

爸爸忍不住发火了，拿过遥控器，把电视关了，大声问她到底怎么回事。

妞妞忍不住大哭，说自己就是做个实验，"谁也不搭理"的实验。爸爸问她为什么要做这样一个实验，她说，爸爸下班了总是玩手机，她很不开心。爸爸说："周末，我不是陪你去游乐场了吗？"她说："爸爸不是在陪我，你只是让我自己去玩滑梯、荡秋千，你在玩手机。"

爸爸这才明白，妞妞做这个实验，是让他也尝尝被忽视的滋味。

很多爸爸表面看起来是在陪孩子，但心思都放在手机上，这对孩子的伤害远远超乎家长的想象。

家长将注意力集中在手机上，会对孩子的需求视而不见，很难及时给孩子以准确的回应。最新研究发现，孩子发出的信号，爸爸如果能在7秒内准确做出回应，那么孩子就没有挫败感，如果超过了这个时间，孩子的挫败感就会油然而生。

若爸爸对孩子的需求几乎从来不回应，孩子心中就会充满挫败感，及至主动减少甚至再也不会对爸爸发出需求的信号。在人际交往中，无回应之处，就可称为"绝境。"那么，在与孩子之间的相处上，没有回应对孩子来说就是一种"冷暴力"，让孩子觉得自己不被重视。孩子甚至会认为在爸爸妈妈心中，手机比自己更重要。

长此以往，孩子会变得孤僻，不愿意和别人进行沟通，对别人漠不关心。

写给爸爸的话：如何摆脱手机，全心全意地陪孩子

从现在意义上说，手机很大程度上掌控了我们的生活。父母应该学着去掌控手机，而不是被手机操控。对于父母来说，怎样去摆脱手机，做手机的主人呢？

巧用手机功能：开启勿扰模式

家长平时的工作本来已经很繁忙了，陪伴孩子的时间已经被压缩到很短。家长应该珍惜每天和孩子在一起的时间，将手机设置成勿扰模式，这样，即便有电话打过来也是静音状态。在陪完孩子之后再去处理自己的事情。

关闭微信、QQ的消息提醒

陪伴孩子时，若手机一阵阵地振动，难免会让家长心不在焉起来。家长要明确的是，如果谁有重要的事情，他们不会在微信或者QQ上发消息。将太多精力放在手机的消息提醒上，只会浪费自己的注意力。这个时候，不如关掉手机的消息提醒，在空闲时间内集中回复别人的消息，这样会有效提高自己陪伴孩子的效率。

朋友圈每天最多只发一次

很多经常在朋友圈"晒"自己生活状态的家长们，你们要明白，除了你自己，其实没有太多人在意你的生活。每次在朋友圈发了自己的动态，通常并不只是"晒"一下那么简单，更多的是在意这些照片的后续反应。过多在朋友圈晒生活状态，只会让你更加离不了手机。所以，要学会适可而止。

限制手机的推送通知

现在的智能手机通常都会有消息的推送和通知功能，这些功能会第一时间"打扰"到家长。对于家长来说，这些并没有多大用处的消息会在很大程度上耗费家长的精力。所以，父母可以将手机中的一些推送和通知功能关闭，这样可以有效地帮助家长集中精力陪伴孩子。

早教老师建议，当着孩子的面，家长最好不要摆弄自己的手机。如果是必要的工作，那爸爸妈妈可以轮流陪伴孩子，不要让孩子看到你在陪着他的同时还在"专心致志"地玩手机。

5. 你从不付出，就什么都不会得到

2017年年初，一份在上海发布的二孩家庭网络调查显示，高达86.5%的家庭将"没人带"视为养育二胎的最大困难。如今，很多"80后""90后"已为人父母，可不少年轻父母生下孩子后就"甩手不管"，将孩子交给长辈、保姆来带，自己专心奋斗或是享受"两人世界"。种种原因导致一些年轻父母对孩子"只生不养"。

只生不养，就别指望孩子喜欢你

作家王朔在《致女儿书》里写道："和那个时候所有军人的孩子一样，我是在群宿环境中长大的。一岁半被送进保育院，和小朋友们在一起，两个礼拜回一次家，有时四个礼拜。很长时间，我不知道人是爸爸

妈妈生的，以为是国家生的，有个工厂，专门生小孩，生下来放在保育院一起养着。"

在王朔的记忆里，父母一心一意扑在工作上，要争先进，要保全自己，却从来没有考虑过儿子的感受。王朔甚至认为从小到大爸爸从没有关心过自己，就连自己做阑尾手术，爸爸都没在医院陪他，所以他永远没办法原谅爸爸这个"工作狂"。

王朔对自己父母的评价只有四个字——"只生不养"。王朔的父母总是觉得："希望儿子长大后能够原谅我们。"王朔则认为："血缘关系不代表一切，你从来不付出，照样什么也得不到，没有谁天生对谁好的。"

父母亲自带孩子的好处

《我把女儿教进世界名校》的作者梁旅珠曾经在书里分享了她的父母带她时的点点滴滴：

"我记得大约6岁时，有一次我们一起逛街下午回来，父母才发现忘了带钥匙出门，我蹲在家门口等，看着他们匆匆忙忙带锁匠回来的情景。

"我记得有次发烧躺在床上，爸爸摸了我的头之后出门，去东门市场买了一个美国进口的、很贵的苹果给我一个人吃。"

"我记得当我要去让小贩爆米花时，爸爸都用克宁奶粉的罐子装米给我。我记得妈妈做的菠萝冰的味道和口感，也记得她烤的蜂蜜蛋糕的形状和香气。我记得父母带着我做的许多大小事……每多活一天，我对这些满是滋味的回忆就多喜欢一些。"

每当有电视节目制作人要梁旅珠邀请最感谢的人一起上节目，她第一反应一定是问："可不可以找我父母？"只有亲自带孩子，孩子的回忆里才满是父母的爱。

孩子与父母相处，得到父母的教育，相对于那些在祖父母陪伴下成长的孩子来说，一般成长得更健康。父母一般不会太溺爱孩子，对孩子个性的健康发展更有利。对爸爸来说，经历过养育孩子的种种艰辛，才能帮助自己成长，才能丰富自己的人生。

而那些在年幼时没有得到父母陪伴的孩子，他们往往自私、冷漠、家庭观念淡薄，与父母的关系也不融洽。那些没有父母陪伴的日子，真的不是一句"长大就懂了"能够化解的。

科学研究还发现，由爸爸带大的孩子，有更强的安全感。有安全感的孩子，活泼开朗，会主动地和人打招呼，做什么事都热情积极，人际交往中也会更有人缘。而缺乏安全感的孩子，总是表现得很内向，与人交谈的时候眼神频频躲闪，问他喜欢做什么，他多半回答不知道，属于默默无闻型。

专家表示，没有人比亲生父母更适合照顾孩子。那是天生的血缘关系，能与孩子心灵相通，融为一体。爸爸妈妈能更好地了解自己的孩子，并知道他想要什么。

写给爸爸的话：生养孩子，你必须付出的代价

当父母并不是一件容易的事，在你决定生养孩子之前，就应该预知到自己将面临的情况，以及自己将要付出的代价。

付出时间和精力

有了孩子，特别是在孩子比较小的时候，爸爸得时刻盯着，不让孩子接触无益的东西，也得时刻与孩子沟通、游戏，否则孩子就会与父母疏远。孩子上学后，我们同样要花时间和精力照顾他们。现在很多学校的活动都是要父母参与的。一位工作很忙的爸爸，为了响应学校号召，还特意向公司请一天假，去给参加运动会的孩子当观众，给孩子加油呐喊。

付出金钱

有了孩子，父母得在教育、生活等诸多方面付出大量的金钱，这对父母来说，也是一个巨大的考验。

规范自己的行为

有了孩子，爸爸的行为就不能再像以前一样不羁，否则会对孩子产生负面影响。不谙世事的孩子常常认为父母就是自己最好的榜样，因此，我们得改掉以前的坏习惯，不然很可能会被孩子模仿，影响孩子未来的发展。

　　身为父母，是我们选择了孩子，不是孩子选择了我们，孩子不是宠物，我们一定要为孩子的成长负责。很多爸爸既想要孩子得到最好的教育，又不愿付出自己的时间和精力。可冰心曾说："成功的花，人们只惊慕她现时的明艳！然而当初她的芽儿，浸透了奋斗的泪泉，洒遍了牺牲的血雨。"

第二章 孩子最需要爸爸陪伴的 8 个时刻

1. 婴儿期安全感的建立源自对父母的依恋

什么是安全感？安全感就是在解决问题的时候能够起到关键作用的心理状态。安全感建立得好的孩子，是一个在任何环境里都感到自在的孩子。他们在面对任何问题的时候，都能够明白地告诉自己："我确定我能做好，同时确定事情在我的控制范围内。"有了安全感，孩子才能产生稳定、快乐的情绪。

父母要成为孩子最好的依恋对象

美国心理学家通过实验发现，在婴儿时期与父母建立良好依恋关系的孩子，到三岁半时，社交能力远远照出那些未曾建立良好依恋的同龄儿童，这样的孩子较多地受到同伴的欢迎和追随，富有同情心，有着杰出的领导才能。而那些没有良好依恋关系的孩子，容易胆怯退缩，对人不信任，缺乏自信心，情绪不稳定，难以和别人建立良好的亲密关系，对环境适应力差。所以，父母要从孩子出生起，就有意识地将自己培养成为孩子的依恋对象。

美国心理学家埃里克森认为，0~1.5岁的婴儿处于信任和不信任的心理冲突期。当他哭、饿或者身体不舒服时，父母是否及时出现是他对这个世界建立安全和信任感的基础。如果婴儿总是不能得到及时、规律且稳定的反馈信息，就会时时担忧自己的需要得不到满足。于是，婴儿常常变换各种哭闹方式吸引大人的注意力。

心理学家高度重视婴儿早期安全感的建立，因为它对个体一生的心理健康发展具有极其重要的作用。因此，父母要有意识地成为孩子最好的依恋对象，积极回应孩子饥饿、焦虑、欢乐、好奇等需求。

科学研究发现，婴儿期由母亲陪睡，也可对婴儿起到良性的刺激，有利于其智力发育。那种不停更换陪睡者的婴儿，心理常处于紧张状态，睡眠时间和质量均会大幅度下降。这对婴儿的身心发育不利，严重者可导致婴儿发育迟缓和幼儿期心理障碍。

写给爸爸的话：如何给孩子建立安全的依恋感

孩子黏人的时候，就是在向父母展示他的需要，也希望父母能证实对他的爱。《给孩子自由》这本书里写道："这种对父母爱的需求，是孩子成长过程中十分重要的组成部分，父母一定要竭尽全力满足孩子的这部分情感需要。否则会给孩子的终身幸福留下不可弥补的缺陷和阴影。"那么，我们应该如何给孩子建立足够的安全感？

给孩子提供细心的照顾

我们要善于识别孩子发出的各种需求信号，及时满足他们的身心需要。拥抱孩子，与孩子谈话，逗孩子笑，让孩子有真实的被爱的感受和愉快的生活体验。这种互动能使孩子顺利有效地与外界沟通，产生对父母角色的信任与依赖感，并将这种信任感推及其他人。

给孩子创造稳定的生活环境

在孩子成长的过程中，尤其是最初的三年，千万不要一阵交给奶奶照顾，过一阵又交给姥姥照顾，否则孩子就搞不清楚到底谁可以对他负责任，就会缺乏安全感。所以人们经常会说第一个主要的负责人是非常重要的。这个负责人一定要稳定，要么是妈妈，要么是爸爸，要么是一位长辈。在孩子3岁前，我们一定要给孩子创造一个稳定的生活环境。

陪伴但不干预

1.5岁后，孩子的独立性大大发展，特别希望摆脱大人的限制，自己钻钻爬爬、走走摸摸，好奇心和探索欲望都比较强烈。这时，父母为孩子提供安全感，但是不要过度保护。也就是说，给孩子足够的陪伴，但不过分干预。

我们千万不要以为陪孩子玩游戏就一定得为他"做"什么，他需要时，父母及时参与；不需要时，父母就坐在旁边干点儿自己的事情。渐渐地，孩子就能独自玩耍，只要听见父母的声音或者知道父母在另一房间做事，就放心了。这是孩子的安全感得到进一步发展和水平提升的表现。

此外，孩子在6个月到1岁的时候，最先发展的是"五感"：视觉、听觉、触觉、味觉和嗅觉。在五感发展过程中，触觉是被动发展的，因为视觉也好，听觉也好，随处都可以获得，但触觉例外。如果我们经常抚摸孩子，拥抱孩子，那么孩子的触觉发展可能更灵敏，安全感更强。

2. 重要的节日，要和孩子一起度过

我们作为家长，要问问自己，有多久没陪孩子玩了，多久没听到孩子的笑声了，多久没有为孩子准备节日礼物了。即便我们再忙、再没时间，也要放下手中的事情，在孩子的生日、儿童节等重要的日子里陪伴在孩子身边，为孩子盈造更加爱的回忆。

儿童节，孩子画请假条让爸爸陪伴

2017年的儿童节恰逢工作日，孩子放假了，家长却得上班。在5月

31 日那天，杨先生收到了一张手绘的请假条，是他 5 岁的女儿给他的。女儿说想让杨先生向单位领导请一天假，陪她过儿童节。

原来，幼儿园在儿童节当天要举办游园活动，要求父母任意一方陪同。由于之前幼儿园的好几次活动，杨先生都因为工作忙没能参加，让女儿很伤心，这次女儿指定要爸爸参加。杨先生说："她提前好几天就跟我预约了，但是又担心我临时加班，所以才画了这张请假条。"杨先生把女儿画的请假条发在朋友圈里，引起了不少好友的共鸣，尤其是和他一样，平时没时间陪孩子的爸爸，纷纷表示"既好笑又想哭"，有的开始反思自己平时陪伴孩子的时间是不是太少了。

一组调查数据显示，有超过 60% 的家长表示孩子向自己提出过陪过儿童节的要求。而会特意请假陪孩子过节的人，虽然比例也比较高，达到了 40% 左右，却也有 21% 的家长表示无奈："工作确实太忙，没时间陪孩子过节。"

心理学家表示，爸爸妈妈的陪伴，会给孩子带来安全感，而儿时相处的美好回忆，对一个人成长过程中性格的塑造很重要，因此"家庭陪伴"需要得到父母的重视。在一些重要的节日，我们不能陪伴在孩子身边，不仅会让孩子失望，对我们自己来说，也是一种遗憾。

除了儿童节等重要节日陪伴在孩子身边外，我们更应该在平时多与孩子沟通，建立良好的亲子关系，让孩子感受到父母全身心的陪伴和关爱。如果能做好平时的陪伴，重要的节日当天，父母因为工作原因无法陪孩子过节，也不会给孩子带来太大的伤害。随着孩子的成长，他们会慢慢理解父母的苦衷。

写给爸爸的话：如何陪孩子度过儿童节

对于儿童节等重要的节日，孩子们的愿望通常很简单——有好吃的，有好玩的，有爸妈陪伴，这就是孩子们最期待的事。那么，我们应如何陪孩子过一个快乐又有意义的"六一"呢？最重要的是给孩子多一点儿陪伴和多一点儿互动。以下几件小事我们可以和孩子一起做。

和孩子互换角色

我们可以考虑在儿童节这天和孩子来一次角色互换，让孩子"当一天家。"这一天的生活，包括吃什么，穿什么，干什么通通由孩子来安排。比如说，如果家中来了客人，特别是孩子比较喜欢而又尊敬的客人，让孩子接待，做一些力所能及的事情，比如端茶水、送糖果等。另外，我们还可以鼓励孩子参加简单的社交活动，到商店买东西时，让孩子自己告诉售货员要买的东西，让他问价钱，买好东西后向售货员表示感谢、告别等。

送孩子礼物时投其所好

比如，孩子喜欢勒布朗·詹姆斯，我们可以考虑送给他一套詹姆斯的球衣。如果孩子自己已经有计划，比如想去哪个公园或海洋馆，我们直接带他们去。我们还可以根据孩子的需求，送孩子衣服、玩具、图书等。如果孩子想吃好吃的，我们可以领孩子去吃顿美味的大餐。

组织家庭化装舞会

如果你的孩子平时在外人面前有些害羞腼腆，或不愿表达自己，你不妨邀请一些小朋友在家中举办一个小型化装舞会。我们给孩子搭建一个舞台，鼓励他们尽情地表现自己，这能锻炼孩子的胆量，提高孩子的自信心。比如，我们可以将孩子打扮成他最喜欢的卡通人物，让他在放松和乐趣中最大限度地展现自己最真实的一面，这对孩子的成长具有重大的意义。

带孩子参加公益活动

如果有条件的话，我们可以带孩子去参加一些公益性活动。比如去孤儿院、聋哑学校、敬老院等，让孩子懂得珍惜自己的生活，并体验到社会其他群体的生活，培养他们的爱心和社会习性。

我们还可以带孩子走上街头，开展爱心义卖。我们可以让孩子将他们的闲置物品，如玩具、文具、图书等整理出来，贴上价格标签，进行义卖。义卖的收入以孩子的名义捐献，奉献孩子的一份爱心。

电影《哆啦A梦：伴我同行》不仅受到孩子的喜欢，也受到很多成年人的喜欢。原因就是无论年龄大小，每个人都希望童年有"哆啦A梦"的陪伴。其实，对于孩子来说，这个能为他们排忧解难的玩伴就是父母。童年的时光里，父母的陪伴必不可少。希望在下一个儿童节，孩子不再是我们无处安放的负担，也希望下一个儿童节，孩子能够过得更有意义。

3. 睡前30分钟很关键，陪伴必做的事

早上起床后，你匆匆去上班，来不及跟孩子多说一句话；中午更是无法与孩子见面；等到了晚上，一家人才能好好坐在一起吃一顿饭。而睡前时间，就是爸爸陪伴孩子的"黄金时间"。在睡前，爸爸给予孩子足够的陪伴，会让孩子有意想不到的收获。

睡前和孩子聊聊天，比什么管教都好用

思思和爸爸每天都有一个固定的独处时间，就是睡前的半小时。有时候是爸爸搂着她讲故事，有时候就是有一搭没一搭地瞎聊，但是思思和爸爸都很享受这半小时的时光。

那他们都聊些什么呢？爸爸和思思刚开始聊的方向是各国习俗，但最后往往都是和吃喝连在一块儿。有一次，爸爸和思思聊起去日本旅游的见闻。爸爸说日本人很有创意，街边的小酒馆、小饭店虽然小，但设计得都非常好。思思接着说道，是啊，饭馆的设计都很有特色，饭菜的味道也很棒，她记得上次和爸爸妈妈吃的那个生鱼片简直太好吃了，那个感觉都没法形容……

融洽的聊天气氛，可以提升父子关系的亲密度。孩子对父母说出心里话的过程，便是孩子消除隐藏在心里一整天的压力的过程，倾吐完心事后，孩子便以更饱满的精神迎接新的一天。

睡前讲故事，孩子越听越兴奋咋办

很多父母每天晚上给孩子讲2～3个故事甚至更多这是很正常的事。但是，让父母深有体会的是，故事讲多了，孩子反而不容易满足。

洋洋已经5岁了，爸爸决定让洋洋开始独立睡觉，并和洋洋约定，讲完睡前故事，洋洋就得睡觉。可是洋洋的爸爸却发现，实施起来并不是那么容易。

因为临睡前，洋洋和爸爸说："你给我讲一个故事吧。要讲完一个故事，我就睡觉。"可是讲完一个故事以后，洋洋又和爸爸要求，再给他讲一个5分钟的故事，讲完他就睡觉。爸爸讲完了，洋洋还是不睡觉，又要爸爸讲一个故事。爸爸看到洋洋可怜兮兮的样子，简直哭笑不得，就又给他讲了一个小故事。

故事讲完后，洋洋还是不睡，再次要求爸爸讲故事。这个时候爸爸对他说，爸爸还有很多事情要做，不能继续给你讲故事了。可是等到爸爸忙完的时候，去看洋洋，发现洋洋竟然还没有睡着。每当这个时候，如果爸爸命令洋洋睡觉的话，洋洋就会说他是"坏爸爸"。

本来计划讲一两个故事，孩子就睡觉了。没想到孩子越听越兴奋，没完没了地要求"再讲一个"！大人讲得口干舌燥，孩子却毫无睡意，这让大人都不禁会有些烦躁。

睡前故事的作用是辅助孩子安然入睡，而不是爸爸越讲，孩子越兴奋。所以，讲什么、怎么讲，就很有讲究了。辅助孩子入睡的最佳手段就是给孩子重复性讲故事，并且要注意多重复，甚至可以一周讲同一个故事。重复的频率要根据孩子的年龄做出相应调整，孩子越小越该重复性讲同一个故事。

为什么要重复性讲故事呢？因为，爸爸在重复性讲故事的时候，孩子马上就能预见下一个情节是什么。我们可能觉得无聊，但对孩子来讲，这是一个很好的建立安全感的途径。成长中的孩子呼吸和心跳是不稳定的，规律的生活，重复性的讲述，可以增进孩子呼吸与心跳的和谐，而只有当孩子调整好呼吸和心跳时，才能进行理性思考，也更容易接受故事内容的滋养。

如何选择故事，是爸爸们头疼的事。有些爸爸在给三四岁的孩子讲《西游记》《水浒传》的时候，遇到其中比较恐怖的情节，往往会不知所措。有的爸爸给学龄前的孩子讲《格林童话》的时候，孩子也会被其中某些情节吓到。相比之下，一些情节简单的故事，更适合讲给学龄前孩子听。这样的故事大多是动作和语言的不断重复，在重复中，孩子的呼吸和心跳会舒缓下来，也更容易入睡。

写给爸爸的话：如何陪，才能让孩子尽快酣然入睡

很多孩子在睡觉前都要父母陪着，不陪就不高兴，不陪就不睡。每每遇到这种情况，许多父母就会顺从孩子的要求。其实这种做法不仅会使孩子的依赖性增强，也不利于孩子的成长。那么如何做，才能让黏人的孩子尽快入睡呢？

明确告诉孩子陪伴的时间有限

随着孩子慢慢长大，父母要培养孩子的独立性。当孩子一再要求父母陪伴时，家长可以说"我现在正好没事，可以陪你一会儿"或"我正好也想做这件事"。父母最好明确地告诉孩子自己陪伴他的时间有限。

陪伴孩子要有明确的原则

很多父母在陪伴孩子的时候，并没有什么原则性，甚至是当父母心情好，或者不忙的时候，会选择多陪伴孩子，并且多给孩子讲几个故事。这样做会让孩子认为，"5分钟"是一个可以无限延长的时间。而父母在忙的时候，就反对孩子的无理要求。长期没有原则，有可能会导致孩子出现相应的情绪反抗。

适当地给孩子奖励和惩罚

一位教育家说："如果我的女儿按时睡觉，我会把一本书和一个毛绒玩具放在她的床头。它们是女儿的最爱。如果她爬起来一次，我会把书拿走；如果再爬起来，我会把毛绒玩具拿走。这样，女儿很快就养成了乖乖睡觉的习惯。"

另外,父母可以从小给孩子建立一个睡眠流程,比如洗澡、换睡衣、关灯、说晚安……不同的父母可以根据自己的情况采取不同的方式,但重点是培养一个习惯,让孩子知道"我该睡觉了",这个方法是非常有效的。

4. 孩子被孤立,要陪孩子慢慢解决问题而不是代替解决

孩子一出生,尤其是一进入幼儿园,就有了与人交往的需求。然而,科学调查却发现,5%~6%的孩子,都曾在上学时被其他孩子孤立,甚至因此而恐惧上学。如果这种"孤立"持续,可能会给孩子的童年留下难以磨灭的心理阴影,孩子可能会因此变得自卑、抑郁、孤僻,甚至行为怪异。

被孤立的孩子

陈锋的女儿8岁,上小学二年级。一次,陈锋去学校参加家长公开课。第二节课是英语课,孩子们按照老师的要求把课桌打乱,每四张课桌拼成一个小组,以方便孩子们讨论。这个时候,陈锋发现女儿茫然无措地站在教室中间,因为她不知道自己该加入哪个小组。她两次尝试加入其中一个小组,但都被拒绝了。

最终在老师的干预下,陈锋的女儿才勉强找到了自己的位置。不过,整整45分钟,孩子一直处在高度不安中,也不敢举手回答老师的问题。事后,陈锋的女儿告诉她,从小学一年级开始,班上的小朋友就在集体排挤她,甚至有小朋友放言"谁和她玩,我们就不和谁玩"。看着女儿充满泪水的眼睛,陈锋心里很是不舒服。

什么样的孩子容易被孤立

资深亲子教育专家胡嘉说:"孩子的世界,相对要比成人世界单纯。这种单纯不仅体现在他们的心理认知上,也体现在他们的处世方式上。孩子不像大人那样懂得掩饰,好恶往往溢于言表,喜欢就是喜欢,讨厌就是

讨厌。而年龄小的孩子更容易产生从众心理。一旦两个孩子之间产生矛盾，如果其中一个孩子很有号召力，那么另一个孩子便有可能被孤立。"

什么样的孩子容易被孤立？在教育专家看来，孩子被孤立的原因多种多样，通常发生在孩子上幼儿园大班和小孩 1~2 年级的阶段。因为这一时期孩子自我意识萌发，人生中第一次有了"群体观念"。

孩子被孤立，一般因为他们具有以下几种特征。一种是有着打人、骂人、向别人吐痰等坏习惯的孩子，或者是爱向老师打小报告的孩子，以及不讲卫生的孩子。另一种是以自我为中心，自私、好强、表现欲强烈的孩子。还有一种是社会交往技能较差，自卑、性格内向，缺乏沟通能力的孩子。另外，老师对孩子的不当表扬或者批评，也有可能导致个别孩子被孤立。

写给爸爸的话：孩子被孤立，我们怎么做

孩子被孤立，也是他们人生的重要经历。如果父母处理得当，会让孩子增强面对困境的信心。所以，家长在引导、处理的过程中，要回归孩子本身，要"陪"孩子慢慢解决问题，而不是大包大揽"替"孩子解决。

倾听和接纳孩子的感受

一旦发现孩子有被群体孤立的倾向，我们首先要倾听孩子的苦恼，并告诉他我们认同和接纳他的感受，我们在被孤立时也一样地伤心。与此同时，我们还应该告诉孩子，很多人都会面临这个问题，这是成长过程中必经的历练，不一定是坏事情，而且我们会永远在他身边，支持他，帮助他解决这个困难。如果家里养宠物或有毛绒玩具，也可以让孩子多和它们玩。这些拥抱和温暖可以抚慰孩子的身心，不至于让他产生被抛弃的恐惧。

帮孩子分析被孤立的原因

很多爸爸得知孩子被孤立时，会直接找老师或找其他孩子家长"告状"。这样的做法并不可取。

我们应该先分析孩子被孤立的原因，然后帮助孩子做一些行为上的调整。如果孩子被孤立，是因为特立独行的个性或者过人的智力，那么可以让他适当低调一点儿；如果孩子被孤立，是因为某些不好的行为习惯，比如说不讲卫生，可以帮助孩子改正。如果孩子被孤立是因为胆小，平时就要多肯定孩子，让他变得更加自信起来。在这个过程中，我们除了给孩子建议，还必须跟踪事情转变的情况及结果。

和老师沟通

如果孩子被孤立，我们可以请求老师的协助。如果被孤立的是胆小的孩子，我们可以请老师在平日课堂教学中多多肯定孩子来增强孩子的自信心。如果被孤立的是过于出色的孩子，我们应该提醒老师平时对孩子少些夸奖，同时鼓励孩子多去帮助别的孩子学习或多做一些班级服务类的事情，比如说做值日或者给同学们管理水壶等。

帮助孩子融入集体

如果孩子经过自我调整后，依然很难交到朋友，依然被孤立，爸爸可以了解一下孩子班上哪个孩子比较有影响力，然后再请求这个孩子的父母协助，两个家庭可以组织一次爬山、逛植物园之类的户外活动。除此之外，我们还可以借孩子生日的机会，邀请孩子的同学来参加孩子的生日聚会等。

教育专家表示："当家长发现孩子被孤立的时候，这件事情对孩子的伤害往往已经很大了。作为家长，必须要能够及时发现孩子被孤立的问题。"孩子被孤立往往不是一朝一夕的事情，如果父母在孩子第一次感受到被孤立时就出手干预，那么"被孤立"的状况通常是不会持续下去的。

专家建议，父母每天都要花费半小时的时间跟孩子交流一下彼此的学习和工作。这种看似简单的信息交换，是获得孩子信任和让孩子感受被关注的重要方式。现实生活中，很多父母都无法及时发现孩子被孤立的状况，其中一个最主要的原因是家长跟孩子的沟通出现了问题。

作为父母，想要防止孩子被孤立，在平时的教育中还应该让孩子学会与人交往，懂得分享。我们可以帮助孩子准备一些零食或者孩子喜欢的图书，让孩子跟他人一起分享。帮助孩子建立良好的同伴关系，不仅能防止孩子被孤立，还会让孩子在集体生活中感受到快乐。

5. 孩子生病，需要爸爸守在身边细心呵护

在孩子的成长过程中，生病总是在所难免。不生病，少生病，这只是家长的一个美好心愿。但是完全不生病，那是不符合科学规律的。如果孩子生病了，最重要的是我们能陪伴在孩子身边细心地呵护他和给予孩子满满的爱。

孩子生病，爸爸要从容淡定

在海桑的诗歌《给我的孩子》中有这样一段话："你病了，等于是天塌了，我们都成了没主意的人。我们对医生微笑，我们对护士微笑，我们不停地点头，恨不得自己和他们攀上亲戚。"大多数父母在孩子生病这件事上都是非常着急的，而人在情急的状况下常常会失去理智。再加上父母天性中的责任感爆发，看到孩子生病自然联想到是自己没有照顾好，从而心里产生深深的内疚。

在这种情况下，有些爸爸妈妈第一时间可能会选择抱怨对方"为什么没有好好看住他""为什么不留更多时间照顾孩子"等。既然孩子已经病了，互相抱怨与责怪是完全没有用的。而且父母关系紧张反而会增加孩子的心理负担，孩子会觉得自己不该得病，都是自己的错。

何况，孩子生病进了医院，爸爸妈妈可是有很多事情要做的，这个时候是非常需要夫妻团结一心的。所以，这个时候的我们一定要保持镇静。而且，保持镇静、淡定还有一个好处就是让孩子知道，生病了是很难受，但没什么大不了，过几天就会好的。这样孩子自己会放轻松，病也会好得快一些。

即便生病了，也不要给孩子过分的娇宠

出于愧疚心理，父母往往会在孩子生病的时候给孩子过分的娇宠。父母觉得只有这样自己的心里才会好受些，但过分娇宠对于孩子的长远发展却有百害而无一利。

生病期间的孩子固然需要父母多一些安慰与呵护，但千万不能过度。科学发现，现在很多孩子之所以会产生心因性疾病，正是父母的呵护过度导致的。所谓心因性疾病指的是本来身体上没有病，但却产生了好像生病一样的难受感觉，这种病大多数是因为心理上想要得到像生病时一样的照顾而引发的。

我们即便是想要给生病的孩子比平时更多的照顾，也尽量要在精神和情感上，不要只专注于满足孩子的物质需求。物质上的满足永远替代不了心灵的空缺，用物质去满足孩子，只会让孩子要求越来越高，越来越难以满足。

写给爸爸的话：我们该如何细心照顾生病的孩子？

很多孩子生病时，爸爸为了哄孩子开心，会让孩子看电视、玩手机，自己也能歇一歇。但是图一时的轻松只会给孩子带来不好的影响。首先，电子设备对孩子的病情恢复没有任何益处。其次，父母会错失与孩子交流的大好时机。此时孩子比较脆弱，我们要好好照顾、抚慰孩子的身心健康。那么，在孩子患病期间，我们具体应该如何呵护？

让孩子适当地休息和静养

孩子生病期间要多注意休息和静养，这有利于他的身体康复。但并不是要限制孩子活动。除患传染病外，我们可以邀请孩子的小伙伴来家玩，让孩子在玩耍中获得快乐。愉悦的心情，有利于孩子身体康复，忘记病痛，但要注意，不宜让孩子做体能消耗大的剧烈运动。

注意孩子的饮食

孩子生病了，由于生理状况的变化，食欲下降很正常。孩子感冒或发烧，我们要提醒孩子多喝水，饮食应以低盐少油清淡半流质或软食为好，少量多餐。

多些耐心

患病期间的孩子往往变得娇气，黏人，爱哭闹。面对哭闹的孩子，大多数父母起先都会哄几句，一旦不奏效，就心烦意乱，甚至威胁吓唬孩子："你再哭我们就不要你了！""你这样闹永远也好不了。"这样的话只会让本来就痛苦的孩子心灵上又多了一道创伤。

此时，我们应给予孩子更多的关心和爱护，不时地给予孩子拥抱与微笑。不过，孩子表现得过分胡搅蛮缠，我们可以适当冷处理，不必过分迁就。

留意孩子的病情变化

需要服药的孩子，我们应遵照医嘱，按时按量给他们服药。在家期间，我们一定要留意孩子病情的变化，如果症状加重，应及时送医院，以免耽误病情。

给孩子创建一个活跃、舒适的居住环境十分有利于孩子的病情恢复。我们平时要注意加强室内的通风换气，确保空气新鲜。如果天气太冷或过热，可以用空调保持居室内温度与湿度。我们还要注意的是，在照顾孩子时，一定不要被传染，要尽量多洗手，保持规律的生活。

另外，生病的孩子往往体质较弱，注意力不集中，这时父母可以减少家务，上班族必要时应请假，尽量抽时间陪伴孩子，并加强看管孩子，让他在自己的视野内活动，以免出现意外。

6. 孩子遭受挫折，爸爸要耐心引导

俞敏洪曾表示，父母给孩子传递"逆商"，比要求他考好大学重要得多。因为孩子的命运是由多层因素组成的，想清楚了这一点，你就会关注到，你的孩子有没有"逆商"，能不能承受住打击，受到打击以后还能不能保持对生活的热情更重要。

孩子遭遇的挫败感，让他们不敢再尝试

晓晓在一旁看着弟弟搭积木，并未加入，其实她也曾经对搭积木充满兴趣；鹏鹏站在旁边看着其他孩子走平衡木，但他只是看着并未行动，其实他曾经也非常想走平衡木；伊伊在操场上看着其他同学踢毽子，同学怎么叫她也不玩，其实她以前很喜欢踢毽子……

为什么面对喜欢做、想做的事情，孩子却选择了沉默、后退、不参与？

因为他们曾经在这些事情上遭遇了失败！

心理学家研究指出：当人们遇到挫折时，高达九成以上的人会选择五种反应——攻击、退化、压抑、固执与退却，而正面思考者的比率低于10%。大多数人在遇到挫折时，很容易陷入负面情绪，习惯对自己一味地责备和否定，不懂得如何去调整负面情绪。

不要在孩子失败的伤口上再撒一把盐

春夏非常喜欢跳舞，在她还是小学生的时候，她曾报名参加了学校舞蹈老师组织的舞蹈队选拔，一旦入选就可以代表学校参加全镇的小学毕业会演。

令春夏备受打击的是，她落选了。当时，春夏的班主任对她说，他很早就想劝春夏不要参加，但转念一想，让春夏知道她有多胖也不是坏事。春夏的班主任是一位慈眉善目的老教师，但是他的恶语，让春夏记了整整20年。

孩子的心理承受能力远远比不上成年人，他们通常比成年人更敏感、更脆弱、更经不起打击，自尊心受到伤害时反应更为极端。其实，那些学习不够好的孩子，或是表现不太好的孩子，其自尊心并不比普通的孩子弱。他们也会对批评非常敏感，若是受到的批评过多，他们可能表现出回避、不在乎或反感、对抗的态度，但这并不意味他们不希望得到周围的人特别是父母和老师的认可。

事实上，成年人总是凭着自己的理解去规范孩子的行为，但谁也无法保证成年人的思维就一定正确。因此，当我们看到孩子有错误的言论或行为时，不必一口否定，也许我们扼杀的正是孩子宝贵的独立思考的能力和自信心。了解孩子的想法，给予他们更多的认同和支持，才能促进孩子健康成长。

写给爸爸的话：如何鼓励，才能避免挫折对孩子造成伤害

对孩子来说，爸爸的温情与支持是其信心的来源。因此，当孩子遇到挫折的时候，爸爸要多多鼓励孩子，避免挫折对孩子的心灵造成伤害。一位老师的做法，值得所有的爸爸借鉴。

一个周末，小文的爸爸翻开了小文的每周表现册，最新的那一页，上面一个缺了一条边的五角星吸引了他的目光。带着疑问，小文的爸爸问小文："你得到的五角星，怎么缺了一个边呢？"小文说那天下午全班拍球，大家都拍得很好，但是他拍到最后一个时由于距离太远失手了。

可是新来的女老师还是给了小文一个五角星。让小文感到奇怪的是，这个五角星缺了一条边。于是小文问这位新老师，自己表现得不好，失败了，老师为什么没有像以前的老师那样打上"×"。

那位女老师却对小文说，他拍得特别棒，只差一点点就能得到满分。所以老师就在这个满分星星上缺了一点点。老师相信他，下次再努力一点点，多多练习，就一定能得到一个完整的星星。听完老师的解释，小文很高兴，不再为少拍一个球而沮丧了。小文对爸爸说："我一点儿也不差呢！"虽然他的星星缺了一边，但怎么说也是星星，因为老师说他只差一点点了。

有些爸爸在孩子遇到挫折的时候不及时给予鼓励，习惯性地"泼冷水"，这只会让孩子的抗挫折能力变得越来越弱，变得自卑、胆怯，一旦孩子受到真正的挫折时就会不知所措，甚至会一蹶不振。

爸爸在孩子遭遇失败或挫折后最先做的应该是帮孩子重新树立信心，对孩子表示相信和鼓励，向他们投射关爱的眼神，让孩子看到父母的真心，让他们相信自己在父母的心目中一直都是积极上进的好孩子。父母的鼓励，能帮助孩子克服困难，早日走出失败的阴影。

7. 孩子难过失落向你求助，用"同理心"去体谅

父母的同理心是指父母站在孩子的角度看问题，想象自己也是孩子，用孩子的心去感受他的内心世界，从他的处境来体察他的思想行为，体悟他的内心感受。当孩子取得好成绩或心情愉悦的时候，一般来说父母都会做得比较好，而在孩子犯错误的时候，父母往往忍不住大声呵斥。其实，后者正是孩子心理最脆弱的时候，更需要父母用同理心去体谅。

当孩子心情压抑时，你的态度

一幅非常有意思的漫画受到了人们的广泛关注。漫画把普通家长和聪明家长挂在嘴边的话做了对比，揭示了二者的区别。

当孩子说"我心情好差"时，普通家长说："你心情不好什么？你那么优秀……"胡乱地夸了孩子一通。聪明的家长说："怎么了？和我说说，我洗耳恭听呢。"当孩子说"我感觉好累啊"，普通家长说："整天都赖在椅子上，有什么好累的？"聪明的家长说："我们这就回家，我给你做好吃的。如果你愿意，咱们可以聊一聊。"当孩子说："我感觉压力好大，好迷茫啊，我不知道该怎么办。"普通家长说："正常，每个人都这样。"聪明家长说："你并不孤独。我就在这里，有什么困惑，我们一起来克服。"

聪明的家长更擅长用"同理心"去体谅孩子，当孩子心情不好时，他们感同身受，将自己和孩子摆在平等的位置上去引导孩子。

有个孩子在大街上哭闹不止，原因是他的冰激凌掉在地上。孩子的爸爸并没有因为感到难堪而对孩子大吼大叫，批评孩子。他不断地安慰孩子，让孩子不要哭。但是，爸爸越安慰，孩子哭得越厉害。最后爸爸放弃了安慰，继而静静地坐在孩子身边，盯着地上的冰激凌发呆。很快

地，孩子便停止哭闹问爸爸在干什么，爸爸说了一句"我也在难受"，孩子"扑哧"一声笑了。

父母的同理心，对孩子到底多重要

很多父母动不动就发牢骚："孩子一点儿都不理解父母，可怜天下父母心！"事实上，孩子没有当父母的经验，要他们从父母的角度去看问题是很困难的。可我们不同，我们也曾经是孩子，也曾经有过像他们一样的烦恼与痛苦、期待与追求，也曾经渴望我们的父母理解我们。我们和孩子经历了生命中相同的东西，为什么不能首先理解孩子呢？

父母对孩子的同理心，是孩子滋长同理心的土壤。如果父母常常以同理心对待孩子，孩子在感受父母的理解支持和关怀中，逐渐地也学会了关怀别人，理解别人，伴随着年龄增长及生活经验的积累，他的同理心会自然形成。

丹尼尔·高曼在 *EQ* 中写道："亲子之间长时间缺乏同频，对孩子有巨大影响。只要父母一直没有对孩子某一情绪范围内——喜悦、哭泣、需要拥抱——表现出同理心，孩子会不再表达，甚至不再感受同样的情绪。若是童年里，这些感情一直受到变相或过分的压抑，更是如此。"亲子之间小小的、一再重复的互动，是孩子形成最基本情绪生活的基础。

写给爸爸的话：如何利用同理心去体谅孩子

一位作家写道："我们极力地在孩子身上寻求包容，包容我们的坏脾气，包容我们的无知，包容我们的工作忙，这个时候的我们是贪婪的，利用孩子对我们的爱压榨孩子的包容；我们又不吝于最大的恶意去苛求孩子，苛求孩子学习成绩好，苛求孩子省心，苛求孩子十全十美，这个时候的我们是不自知的，打着爱孩子的旗号做着对孩子来说恶毒的事情。"身为父母，我们要对孩子的各种情绪产生共情，用同理心去体谅孩子。那么，我们具体应该怎么做呢？

接受孩子的观点，不加任何评论

无论对还是错，有同理心的父母首先会接受孩子的观点、不带着情绪去评判，更不要上升到对孩子的人格攻击。世上没有绝对的错或对，孩子也不是我们的附属品，他们具备独立的人格和思想，当我们看到孩子的行为跟自己的人生观冲突时，第一时间是表示理解。

观察孩子的情绪，尝试与孩子交流

当孩子难过、懊恼时，我们要有觉察孩子情绪的能力，为孩子的高兴而高兴，为孩子的忧伤而忧伤，然后还要告诉孩子我们的感受，以表达共情。最后可以从善意的角度给孩子提供帮助——如果孩子乐于接受的话。

同理不等于认同

有些爸爸可能会说："难道我的孩子做错事，动手打人，我还要'同理'？不赶快大声纠正，他难道不会因为这样越变越坏吗？"当孩子出现动手打人的行为时，爸爸通常会很生气、很惊讶，忍不住就指责孩子，这也是人之常情。

然而，此时我们若能产生同理心，给孩子示范怎么做，孩子才能真正有所收获。我们可以对孩子说："你刚刚是不是觉得很生气，所以打了其他小朋友？如果你是真的觉得很生气，你可以来找爸爸，我们可以一起想办法，打人的行为会让别人受伤、不舒服，是不好的行为，爸爸不希望你一生气就打人。"最重要的就是让孩子知道，父母愿意同理他、照顾他的情绪，也愿意与他一起想办法解决问题，但所谓的同理心绝不表示认同孩子的不良行为！

当孩子伤心难过时，他们向我们求助，只是想让我们知道，他们正经历着一些很痛苦的事情。因为我们是他们的父母，他们需要我们。科学研究表明，父母有同理心，孩子未来得抑郁症或孤独症的概率会降低，而且孩子也会更快乐和更善解人意。

8. 孩子刚进入一个新环境时，爸爸要帮助适应

大部分孩子进入新环境，都会表现得很紧张，主要是对陌生环境的焦虑、对陌生人的胆怯甚至恐惧。这也难免，因为孩子们一直都跟家人朝夕相处，突然来到新环境，周围都是陌生人，这对他们而言是一件很没有安全感的事情。

感同身受，重视新环境给孩子带来的影响

厦门一所中学里有一名初一的学生，失踪了两天一夜。他的父母急疯了，立即报警。警察火速出动，网络上也纷纷转发寻人的帖子，甚至有人怀疑孩子可能是被人拐走了。这件事引起了整个厦门的重视……

然而，两天后，这个学生在某中学旁被发现，毫发无伤。原来，他是因为刚刚从小学升到初中，不能适应新环境而产生了厌学情绪，又怀念小学时的老同学，于是逃学两天跑到老同学所在的初中部交流感情去了……

换了一个新环境，成人都会感到不适应，更何况孩子呢。一位爸爸第一次带女儿去上舞蹈课后，女孩说："爸爸，我不想在这里了，因为我一个人都不认识。"这位爸爸不以为然地说："你是去学跳舞的，又不是找朋友玩，有没有认识的人有什么要紧？再说，不认识就主动去和别人说说话嘛，一回生二回熟……"可是，当这位爸爸自己参加公司组织的训练营，被要求在一群陌生的受训者中找出一人进行沟通并共进午餐时，他也感到了莫名的紧张和惶恐，这时，才想起女儿当时的感受，不由得一阵惭愧。

我们经常会用成人的眼光去打量孩子的世界，用成人的经验判断孩子的问题，用成人的力量估计孩子的困难。我们自认为理解孩子，一厢情愿地认为有些问题根本就不是事儿，孩子只需咬咬牙就能轻松通过，却常常忘记我们也曾是弱小的孩子，甚至现在也是。很多时候我们在新

环境中的表现不一定比孩子强。

为了让孩子更好地适应新环境，在新西兰的教育中，家长特别重视儿童在与他人、环境的互动与交往中学习。家长经常带孩子走出去，到公园游戏，到海边游泳，到运动场踢球，到小朋友家参加生日派对……很少在家看电视。家长花钱培养孩子"顽皮"，而这种"顽皮"恰恰使孩子活泼开朗、不怯生。

写给爸爸的话：面对新环境，我们应该怎样帮助孩子

孩子往往喜欢待在一个熟悉的环境中，这样的环境孩子会比较适应，也不会有一种陌生的恐惧感，而相反，如果我们将孩子送到一个比较陌生的环境中，孩子可能会非常警觉，甚至变得沉默寡言。那么我们应该怎样帮助孩子适应新环境呢？

去新地方前先告诉孩子

无论是搬家、回老家这样生活环境的完全改变，还是朋友聚会、聚餐或旅行这样短时间的环境变化，对孩子来说都是面对陌生的环境，此时，积极的沟通对孩子来说非常重要。在做事前计划时，我们要及时告诉孩子，比如打算做哪些事，可能会去什么地方，会有哪些人参加。我们不要认为孩子还小，费心费力地去沟通可能得不到回应就放弃沟通，事实上，父母态度平和地与孩子进行交流，首先就是对孩子的一种有效安抚。

在到了新的环境后，我们也要积极主动地与孩子进行沟通，除了语言上的交流，还有肢体上的拥抱、轻抚，包括不要立即将孩子交到"陌生人"的怀抱里，视线上的接触与肯定等，让孩子通过父母的行为确定自己的安全感。

不要过度担心孩子不适应

很多时候孩子适应力差的主要原因是家长学不会放手，也就是说，真正需要适应的主体不是孩子，而是家长。比如孩子离开家去幼儿园，很多家长送完孩子会躲在一旁偷偷观察，孩子回到家，就问"今天有没有哭"或者"今天老师教的内容有没有学会"这类容易加深孩子恐惧的暗示性问题，都是不相信孩子的表现。

我们作为父母，首先应该在心理上给予孩子充分信任，轻易不要流露出对新环境的负面情绪或者对孩子过度关注，一种轻松的态度会给孩子更积极的心理暗示。同时，我们也要能够接受孩子适当的情绪反馈。孩子在新环境中产生沮丧、不安等情绪都是正常的，我们要允许孩子在一定的范围之内把这些情绪表达出来，这样才会让孩子的心理更健康。

帮助孩子与陌生环境建立联系

孩子在生命早期一定至少有一个主要抚养人，孩子首先和主要抚养人建立一对一稳固的关系，这是孩子日后与他人建立关系的基础，也是他产生安全感的基础。在这之后，伴随着孩子的成长，他最初建立起的关系也是围绕着主要抚养人建立起来的。如何尽快让孩子对下面的这些"陌生人"放心？

"爷爷""奶奶""姥姥""姥爷""姑姑""舅舅"等对孩子都是一个称谓，这些称谓不能对应熟悉的人，在孩子的心中还是不安全。比如，我们可以说："宝宝，这是爷爷呀，是爸爸的爸爸。你看，我是你的爸爸，这就是我的爸爸。"这才能让孩子感受到，自己与他们也有联系。有联系，才能建立关系；有稳固安全的关系，才有稳固的安全感。

此外，我们带孩子去聚会、旅游时，往往会投入与好友的交谈中，或者对其他事物的关注中，而分散了我们对孩子的关注。此时如果孩子出现焦虑、怕生的情况，拒绝与人交流或阻止家长与别人交流，我们要给予孩子更多的耐心和陪伴，而不是不由分说地批评和责骂孩子。

第三章 陪着≠陪伴，"有效陪伴"才是给孩子最好的爱

1. 陪孩子的时间并不一定是越长越好

随着早教这一概念越来越广地普及开来，很多负责任的爸爸意识到陪伴孩子的重要性。为了让孩子更好地成长，爸爸们毅然决然地压缩自己休闲娱乐的时间，希望通过"牺牲"自己来换取孩子更好地成长。

然而美国《婚姻与家庭》发布了一项研究报告，报告一出来就引起很大轰动。研究发现，父母陪孩子的时间和孩子的成长并没有多大的关联，也就是说，父母陪孩子的时间并不一定是越长越好。

花多少时间陪孩子没有你想象中那么重要

很多父母，尤其是忙于事业的爸爸们，都会对自己没有充足的时间陪伴孩子而深感内疚。因为传统观念认为，唯有花更多时间陪伴孩子成长，才能给孩子一个光明未来。但实际上，目前还没有谁能证明"时间数量与成长结果之间的规律"，以及"多少时间才算够"。

多伦多大学、博林格林州立大学和马里兰大学的著名社会学家，从

1997年开始,对"亲子陪伴"进行了长达18年的调查,研究的主题是"陪孩子的时间数量不同,是否会造就孩子不同的成长结果"。调查显示:父母在孩子3~11岁陪孩子的时间数量(quantity time)与孩子的成长结果之间没有必然关联。这个结果有点儿出人意料。

此外,此项研究还得出了另外一个与预想不同的结论,爸爸陪孩子的时间数量与孩子的成长之间似乎没有必然联系(注:此次研究并没有涵盖孩子0~3岁时父母陪伴时间对其成长的影响)。

基于不能陪孩子的内疚心理,越来越多的爸爸妈妈愿意花更多的时间去陪孩子,例如在美国,1965年,爸爸的陪伴时间是每周2.6小时,到2010年跃升到了7.2小时,妈妈的陪伴时间则从每周10.5小时升至13.7小时。专家称此为"密集型抚养",这种抚养方式源自社会竞争的日益加剧,父母意识到只有尽力才可能培养出一个优秀的孩子,让他在未来残酷的竞争中胜出。

写给爸爸的话:保证陪伴的质量而不只是时长

陪孩子并不是时间够长就行了。相对于关注陪伴的时间长度,我们更应该关注陪伴的质量。

陪伴的时候避免被琐事干扰

孩子的心是敏感的,如果你一边陪他玩一边做其他事,他就会觉得自己被忽视,从而变得烦躁不安,甚至发脾气。

爸爸在给牛牛讲故事的时候,手机响了,爸爸接电话接了很久。牛牛在一边大声尖叫,爸爸生气地打了他一巴掌。后来又有一次,爸爸在陪牛牛做手工的时候接电话,牛牛竟然冲过来抢下手机并把手机摔在了地上。爸爸才意识到问题的关键:他接电话的做法严重地打击了孩子的自我价值感。

在孩子的眼里,你就是他的全世界,所以千万别应付他,如果那么做,不但伤了孩子,也伤了亲子关系。

给爱加一点创意

陪伴孩子最高的境界是表达爱，并让孩子全身心地感受到这份爱。只要用心，陪伴的目的就能达到。

倩倩的爸爸妈妈每天工作到很晚才能回家，而这时候她已经跟着奶奶睡着了。她的爸爸妈妈为了不惊醒她，就在她的床头贴上一朵漂亮的窗花。这样倩倩每天早上醒来的时候，就知道爸爸妈妈来过了。就是这样一个小小的动作，让倩倩觉得暖心不已，她从没觉得自己缺少爸爸妈妈的陪伴，后来，倩倩也常剪窗花送给自己的老师、同学和朋友，用这种方式继续传递爱。

爸爸妈妈们，所有可以让孩子拥有更多安全感和幸福感的做法，都是我们能给孩子最好的陪伴。

别对自己要求太高

当我们带着一身的疲惫回到家，发现一地狼藉，孩子又不断哭闹，我们难免会控制不住情绪，对孩子发火，事后又后悔不迭。

对于工作辛苦的爸爸来说，要保证陪伴的质量是一件比较困难的事，因为他们很难调动心里的正能量来与孩子交流。事实上，这种情绪背后往往隐藏着爸爸们对自己的不满，本来期待着与孩子共进晚餐，饭后再一起去散散步，顺便闻闻小区里刚刚盛开的栀子花……但老板一个临时加班的电话把一切都打乱了，而孩子又抱怨你说话不算数……你的心情简直跌到谷底，一边恨老板没有人情味，一边又恨孩子不懂体谅你的辛苦，甚至你自己也会恨自己不能主宰自己的生活。

其实，我们要知道每一次陪伴就像考试，我们不能要求自己每次都考100分。只要能心平气和地陪孩子待一会儿，就不错。如果你工作很忙，不要预设太多完美的陪伴计划，不强求自己，不管陪孩子做些什么、玩些什么，或者什么都不做，只是发呆，只要让自己与孩子在温馨气氛中感受到爱的滋养，就够了。你与孩子在一起的快乐，就是给孩子最好的礼物。

教育专家认为，陪伴自己的孩子要"用心"而不是"用力"，和孩子在一起的时间虽然很重要，但绝不是越长越好，高质量陪伴自己的孩子，低质量地花费太多时间反而不会得到什么好的结果。

2. 别因没时间陪孩子，就用最好的物质生活来补偿他

有了孩子之后，爸爸们会觉得经济的压力骤然增大了，不得不更加努力工作以换得更多报酬来养家。工作的时间长了陪孩子的时间自然被压缩了，于是，忙碌的父母就尽自己的能力给孩子做出补偿，比如买昂贵的礼物，孩子要什么给什么等。

用礼物弥补缺失的陪伴和爱，换来的是什么

东东从头到脚都是名牌，手里拿的玩具也价格不菲。但别的小朋友都不大喜欢与他玩，因为他总是炫耀自己的玩具，又不肯给别人玩。

东东的姥姥说："东东的父母都在外企工作，工作很忙，孩子一出生就交给我和老伴儿照顾。现在东东3岁了，和他爸妈一点儿都不亲，他爸妈有时候回来，他也不大愿意和他们在一起。他妈为此还气哭过。那能怪孩子吗？你们就知道给孩子买玩具，买衣服，从来都没有陪过孩子。"

东东的爸爸则认为自己这么辛苦打拼都是为了给孩子更好的生活。现在孩子还小，不理解，长大了就懂得了。

对孩子进行物质补偿的危害有多大

一位爸爸因为工作关系常年在外面出差，有时几个月回不了一次家，因为心中觉得对孩子有亏欠，每次回家他都会给孩子带很多礼物。每到这时孩子都会接过礼物，扑在他怀里开心地说："爸爸是世界上最好的爸爸。"

然而有一次他回家没有买礼物，孩子立马生气起来，对着爸爸吼："你是个坏爸爸，我不喜欢你。"他这才意识到，自己的做法其实是错误

的，自己对孩子物质上的补偿，造成了孩子爱的是他回家带来的礼物，而不是他本身。

因为自己没时间而一味用物质对孩子进行补偿，这被称为"补偿心理"。父母为了减少自己的愧疚而用物质进行补偿，表面上是爱自己的孩子，其实是害了他们。

用物质来补偿孩子，会使孩子歪曲了对爱的认识。孩子会觉得，爱一个人就是给对方买东西，如果不给对方买东西，就是不爱他。长此以往，孩子会越发地去追求物质。

另外，一味地用物质补偿孩子，也会让孩子的自我价值感大大降低。孩子可能会觉得，家长那么忙碌是为了工作，他们这样对时间进行分配，是因为在他们心中，工作比他们的孩子更重要。这会让孩子感到自惭形秽。

物质上的满足并不等于陪伴，它无法填补孩子心中的虚空。

写给爸爸的话：没时间陪孩子，不用物质补偿，更好的办法是什么？

如果爸爸们工作太忙，实在抽不出时间陪孩子，不妨试试下面几招，哪怕孩子经常见不到你，也知道你是关心他的，他会更享受你对他的关爱：

写一张小字条放在孩子的午餐盒里

这是孩子们感到父母关心的最有效的十件事情之一。给孩子准备一个午餐盒，里面放一些孩子喜欢吃的糖果，写上一张爱的字条："孩子，这是一个爱的午餐盒，爸爸爱你，你是爸爸的骄傲，和你的同学一起分享它吧。"

可以想见，看到字条的孩子，会有多么开心和骄傲，他会觉得自己是最幸福的孩子，他拥有爸爸最真挚的爱。如此温暖的回忆。会陪伴孩子成长，从始至终刻骨铭心。

用摄像机给孩子录一个短视频

如果家长早上等不到孩子起床就出门，不妨在出门以前给孩子录制一个短视频，在视频里面提醒孩子日常生活要注意的细节，让孩子知道，自己的父母并不是不关心自己,这样的小举动会让孩子感到很暖心。

如果爸爸经常性地出差,在空闲的时候也要和孩子视频,让孩子知道,纵然自己的爸爸远在"千里之外",都在关心着自己。

提前 15 分钟叫孩子起床

很多家长有赖床的习惯,总是快迟到了才匆匆起床,他们急躁地叫醒孩子,拉着孩子赶紧出门。这对于孩子来说,是一个很糟糕的早晨。"一日之计在于晨",孩子没有时间和父母沟通,慌慌张张的一天,这对于孩子没有什么好处。

爸爸晚上没有时间陪伴孩子,就要把握好早晨的时间。提前 15 分钟叫醒孩子,在这段时间观察孩子,让孩子分享他在学校的生活,遇到什么问题,问问孩子今天要学习的内容是什么。给孩子规定好时间起床洗漱,如果孩子没有按时完成,适当地给予一些小惩罚。如果孩子按时起床了,记得夸奖孩子。

睡前 15 分钟要用好

在睡前 15 分钟,家长可以给孩子讲故事,也可以培养孩子的自理能力,让孩子自己去准备第二天要用的东西,比如:要穿的衣物、要带的物品等。如果孩子不知道该如何准备,要慢慢引导整理。

对于爸爸来说,一定分配好自己的时间,不要"无头苍蝇"似的乱忙,否则浪费时间不说,还影响到自己的孩子。如果想要使自己的孩子更好地成长,每天至少抽出 15 分钟,高质量地去陪伴自己的孩子。

3. 爸爸至少要每天给孩子一个拥抱

2011 年一首《爱我你就抱抱我》火遍大江南北,小孩子们奶声奶气地唱:"爸爸妈妈,如果你们爱我,就多多地抱抱我。"可见,对于小孩子来说,他们想要的并不多,不是所谓的金钱上、物质上的奖励,而是简简单单的一个走心的拥抱,父母一个真诚的鼓励,仅此而已。

最难忘是父母的拥抱

在李嘉诚小的时候,他的父亲就会常常拥抱他,给他鼓励,给他自信。直到很多年以后,李嘉诚先生回忆时仍说:"我最难忘记的是父亲的拥抱。他稳健而富有涵养,与我接触时,常常忍不住紧紧拥抱我,并把我举得很高。"

在一份名为《父母拥抱你时,你的感受怎么样》的问卷调查中,一个叫阳阳的小学生说:"爸爸经常拥抱我,我最喜欢爸爸的拥抱。"在阳阳的记忆里,不管他是高兴还是难过,爸爸都会给他一个拥抱,这让他很有安全感。

被拥抱的孩子更自信、阳光

美国心理学家研究发现,总对孩子施予物质上的鼓励并不会让孩子有多大的满足感,时间长了可能会起到相反的作用,但父母的拥抱却可以让孩子变得更加有活力,可以让孩子与父母的关系更亲密。经常与父母拥抱的孩子,心理素质要比那些不经常和父母接触的孩子好很多。

温柔的拥抱能让烦躁中的孩子安静下来,有效缓解孩子的沮丧情绪和压力。甚至有儿科医生发现,拥抱还有助于促进孩子的身体发育和健康恢复。

拥抱孩子,与孩子的身体进行亲密接触,对孩子的大脑发育是很有帮助的。爸爸每一次拥抱孩子,就会让孩子的大脑接受一次良性的刺激。这样的刺激可以促进孩子智能的发展。拥抱孩子是一种很好的亲子沟通方式。西方心理学研究发现,孩子如果在婴儿期缺乏拥抱,就会变得爱哭爱闹,容易烦躁。

美国著名教育专家彼得·古帕斯认为:

3岁以下的幼儿需要父母的拥抱,这个时期给孩子拥抱可以使孩子减少哭闹,增加孩子的免疫能力。

3~6岁的孩子喜欢被父母拥抱,他们经常会和父母撒娇,希望能得到父母的关注。

12岁左右的孩子自我意识正在觉醒，父母拥抱他们需要注意场合。

拥抱14岁以上的孩子，会让他们心理上得到慰藉。

父母的拥抱对于孩子来说，是最好的抚慰良药。孩子要出门时，父母的拥抱会使他们获得鼓舞；孩子回来时，父母的拥抱可以帮助他们消除所有的担忧和疲乏。拥抱让孩子知道他是值得被爱的。经常被父母拥抱的孩子，将来会长成一个内心充满自信、充满阳光的人。

写给爸爸的话：孩子在什么时候最需要父母的拥抱

孩子为什么会迷恋爸爸妈妈的拥抱？因为拥抱能给他们一种温柔、爱抚、贴心的感觉，让孩子感觉自己是被爱的。被爱的孩子是幸福的。孩子内心需要的远比我们想像的简单得多，无论我们是什么身份，有没有万贯家财，我们都给得起孩子拥抱，而这对孩子的成长意义深远。请在下面这些时刻给孩子一个拥抱吧。

送孩子上学时

上学意味着孩子要和父母分离一整天，孩子要独自去面对新的环境、新的小伙伴。从心理学上讲，分离是孩子面对的比较严重的心理危机，家长如果处理不好，孩子会出现分离焦虑。在送孩子上学之前，记得抱抱孩子，告诉孩子，上学是为了学知识，等放学后，爸爸妈妈就来接他回家。

孩子哭泣的时候

孩子受了委屈，遭到惊吓，受到伤害时，往往只会用哭泣表达自己的感受。在这个时候，父母要去了解孩子哭泣的真正原因。对于婴儿时期的孩子，父母要去关注一下他们生理上的需求。大一点儿的孩子，父母要引导孩子说出哭泣的原因。孩子受了委屈，父母应该蹲下身，将孩子温柔地揽入怀中，给他们以心灵上的慰藉。

当孩子遇到麻烦时

孩子遇到了麻烦，在学习上、人际交往上受到了挫折，这时候，家长给孩子一个拥抱，可以让孩子幼小的心灵得到呵护，慢慢淡忘之前的不愉快。如果孩子得不到家长的抚慰，他们就必须独自面对难以承受的压力，长久下来，他们会形成孤僻的性格。

另外，在孩子早上不想起床时，家长不妨给孩子一个拥抱，然后告诉孩子："上学是你应该做的事。"当孩子犯了错误时，给孩子一个拥抱，并对他说："犯了错误不可怕，去改正它，你还是我们的好孩子。"

4. 你真的会和孩子聊天吗

很多爸爸认为，聊天是一件意义不大的事情，和孩子在一起聊天，那是浪费时间，与其花费时间和孩子聊天，还不如让孩子去学习一些真正意义上的技能。但是，研究员认为，与孩子聊天是父母和孩子最愉快的体验之一。会聊天的父母可以使孩子从自己的经历、性格中得到充分的教育，同时还能和孩子建立更加深厚的感情，进一步稳固亲子关系。

爸爸会和孩子聊天很重要

珂珂的性格很孤僻，不愿意和人交往，幼儿园老师一再向珂珂的爸爸妈妈反映情况。后来老师经过了解才知道，珂珂在 3 岁以前一切正常，但后来爸爸妈妈经常冷战，珂珂缺乏和人沟通、交流的机会，在成长过程中一直很孤独，才长成了现在的样子。

父母通过和孩子聊天，将自己的关爱及时传递给孩子，让孩子对父母产生交流和沟通上的信任，"亲其师才能信其道"，这样教育起孩子来才能产生更好的效果。研究表明，父母经常和孩子聊天，孩子会更聪明、开朗。反之，如果父母不愿和孩子进行沟通，孩子会性格内向，有时候还可能出现心理上的疾病。

报纸上曾经有过这样一则报道：一个女孩从小经常和奶奶聊天，长大后女孩出国留学，依旧每天发邮件给最亲爱的奶奶。后来奶奶去世，她依旧每天坚持给奶奶发邮件，好像在和奶奶进行心灵上的交流。每天和奶奶聊天，已经成了她的精神食粮。

爸爸和孩子进行聊天，站在孩子的角度考虑问题，知道孩子心里在想什么，然后引导孩子解决问题，慢慢便和孩子成为很好的朋友，并建立起一条通向孩子内心世界的"绿色通道。"

另外，爸爸养成和孩子聊天的习惯，孩子会在心理上感到满足，知道自己身后有父母的支持，会更有底气，不会产生孤独寂寞的感觉。

最让孩子讨厌的聊天模式

虽然和孩子聊天很重要，但很多爸爸并不会和孩子聊天。他们跟孩子之间的对话永远都是"作业写完了没？""琴练了没？""你今天在学校/幼儿园感觉怎么样？""今天考了多少分？"

这种沟通模式通常都是以问句始，以斥责终，很难称为聊天。类似让孩子感觉不舒服的聊天方式还有如下几种。

命令式："我不管别的家长怎么做，你自己的袜子必须自己洗！""现在你坐到那儿去，跟吉吉一起玩！"

威胁式："如果你非要那样做，你会后悔的！""你要是再搞破坏，我就让你站到门外去！"

说教式："你不应该那样做。""你应该这么做。"

评价式："你没想清楚。""你那样想是不理智的。"

嘲笑式："才考第六名，就乐成这样？""你以为你是谁，姚明吗？"

…………

晚餐时间、睡前时间，实际上这都是聊天的最佳时机。抓住这些时机，和孩子其乐融融地聊上一场，亲子关系就会变得越来越默契。

写给爸爸的话：如何与孩子愉快地聊天

那么，到底用什么方法，才能让孩子毫无保留地向你敞开心扉？到底存不存在一些技巧，让你与孩子的聊天变得愉快起来？有，而且一点儿也不难,你也可以做得到!

父母想要真正地了解孩子,就要注重聊天的艺术,身为父母,怎样和孩子聊天会更好呢?

问"小"不问"大"

孩子毕竟是孩子,他们不能跟大人一样理解抽象的问题,也很难回答。因此,与孩子聊天,要尽量避开抽象、笼统的问题,不妨改问一些很简单的细节性问题。

例如,把"你今天在学校做了什么?"换成"你今天在学校上了哪些课?"当孩子说上了美术课、自然课的时候,你就有机会接着问:"喔!那自然课老师教了什么有趣的东西?"孩子可能会说:"老师今天给我们讲了为什么会下冰雹,真的很神奇呢。"那你就可以再接着问:"这个我还真不知道,冰雹到底是怎么形成的?老师是怎么讲的?"运用这样的聊天思路去了解孩子今天做了些什么,并持续交谈下去。

我们问得越具体,孩子回答起来就越容易。像"今天你们班谁吃得最多""今天学校的午餐点心吃的什么"这种小事也比较容易打开孩子的话匣子,且不会让他们有压力。

从孩子感兴趣的话题入手

悠悠最近特别喜欢一个歌星,墙上贴的全是这个歌星的照片。爸爸就上网去查这个歌星的资料。没想到这个歌星出身贫苦,自己一路奋斗才有了现在的成绩,而且他对长辈还十分孝顺。爸爸知道这些情况后,常常和悠悠聊这个歌星的奋斗经历,对悠悠进行有效的引导,让悠悠理性地对待自己的偶像,父女间也有了共同的话题。因为这个歌星,两人变得更加亲密。

爸爸可以从孩子感兴趣的话题入手,去和孩子沟通。如果知道孩子喜欢玩游戏,可以向孩子打听玩游戏的技巧。孩子这段时间"追星"了,身为父母,不要盲目反对,可以去了解孩子喜欢的明星的资料,这样,和孩子聊天时会有更多的内容。孩子也会更愿意和家长沟通。

学会倾听

当孩子和爸爸进行沟通时,爸爸要学会倾听,暂时将自己的想法抛开,专心接收来自孩子的信息。

尤其是孩子向爸爸诉说自己的焦虑时,爸爸不要轻易给孩子做决定,不要指责孩子。孩子很多时候是想要向父母发泄一下自己的情绪。作为家长,要学会包容,学会倾听。

不要否定

有的爸爸和自己的孩子聊天,三句话不到,就开始对孩子犯的错进行严厉地批评,甚至一味夸大孩子的过错,喋喋不休地抱怨"你总是犯这样的错误""你肯定又""我就知道你"……这样的聊天方式只会让孩子越来越没有自信。渐渐地孩子就不愿再和爸爸聊天了。

在和孩子聊天时,如果孩子有什么困惑,有什么难以解决的问题,爸爸要记得去鼓励孩子,可以和孩子说:"每一个问题都有解决的方案,我相信你一定能找到妥善处理的方法的。""你只管努力去做,爸爸会一直站在你身边。"

孩子言语上毫无保留,父母才能不断了解到孩子的想法、遭遇到的困难,才能陪着孩子一同找到解决问题的方法,从而促进孩子的健康成长。

5. 关注孩子的情感需求

对于很多孩子来说,他们对情感的需求往往大于物质上的需求。当孩子到了一定的年龄阶段,他们可能会在爸爸妈妈面前表现得过于"顽劣",弄得家长头疼不已,其实很大一部分原因来自孩子对于情感的需要。

被关注的孩子更快乐

莹莹最近在家里吵得厉害。姥姥将饭菜端上桌,莹莹却闹着不肯吃。爸爸过来问为什么,莹莹哭闹着说:"我要让爸爸喂,爸爸都不陪我。"

爸爸终于明白了，这几天工作忙，很少陪伴莹莹，小丫头生气了。爸爸想了想，决定修改自己以前给莹莹制定的"自己的事情自己做"的规则，拿起勺子喂莹莹，莹莹这才破涕为笑。

孩子的快乐很简单，只要爸爸妈妈给他一个真诚的关怀，给他一个温暖的怀抱，孩子就会变得开心起来，就连大人不也是这样吗？

国内外很多研究资料表明，孩子在情感上是有很多需求的，家长应该尽量满足孩子们的各种情感需求，这样才能使孩子的人格得到更加健康的发展。那么，孩子都有哪些情感方面的需求呢？

保持自尊的需求

孩子要去做什么，父母不应该干涉过多，父母应该鼓励孩子自己开动脑筋去做，让孩子在自我评价中找到自己的责任感，孩子有了进步，应该及时给予肯定。

摆脱过失感的需求

如果孩子犯了错误，或者经历了失败，父母不要去指责孩子，此时，孩子本来心情就很低落，父母再横加指责，只会让孩子更加抑郁。

对于孩子犯下的错误，父母应该平心静气地对待，让孩子知道，每个人都不可避免地会犯错误，只要改正了，依然是好孩子。

克服紧张害怕的需求

当孩子面对陌生的活动不愿意参加时，爸爸不应该去强迫孩子，而应该有意识地帮助孩子避免那些活动。比如孩子在玩老鹰抓小鸡时摔了跤，流了血，孩子可能会留下心理阴影，这时爸爸不能恐吓孩子，给孩子制造恐怖气氛，而应该安慰孩子不要紧张，一次摔倒没什么大不了，对于孩子恐惧的事，家长要给予科学的解释，让孩子不再畏惧。

归属群体的需求

小孩子总是喜欢和其他小朋友一起玩，一起学习，在群体的游戏中感受到快乐。孩子如果长时间独处，心情会变得很压抑，爸爸应该尽可能地为孩子创造和小朋友一起游戏、学习的机会。

写给爸爸的话：怎样关注孩子的情感需求

爸爸只有尽可能地满足孩子的情感需求，才能使孩子心理健康地发展。那么，爸爸应该怎样关注孩子的情感需求呢？

珍惜孩子朴实的感情

爸爸可以时常和孩子进行沟通，了解孩子内心的想法。孩子们的想法有时候会很简单，有的孩子甚至未来只想做个好妈妈或好爸爸，家长要照顾好孩子的情绪和想法，不能认为孩子的理想没出息、不自立，从而对孩子进行批评。

爸爸要记得常常鼓励孩子

每个孩子都渴望得到爸爸的关爱，这是孩子们心理上的需要，爸爸们日常生活中一个不经意的举动都会成为孩子们判断自己是否被爱的依据。如果孩子别出心裁送了什么小礼物，爸爸要记得表示高兴并感激地接受。

爸爸要教育孩子保持一颗感恩的心

现在的很多孩子都喜欢以自我为中心，认为家长对自己做的事都是应该的，同学也应该听从自己的意见。爸爸要教育自己的孩子时刻保持一颗感恩的心。

孩子们的情感世界是丰富的，爸爸应该尊重孩子独特的情感世界，不要只关心孩子平时学到了什么，还要去关注孩子喜欢什么，欣赏什么，对什么更有兴趣。爸爸时常关注孩子的情感需求，会让孩子们内心越发感到满足和愉悦，有助于使孩子保持学习生活的乐趣，形成健康向上的生活态度。

6. 如何陪孩子过一个有意义的假期

所有的爸爸都希望自己的孩子能够成才，能够在"起跑线"上就赢过其他孩子。于是便在孩子放假时期，"疯狂"地为孩子报班补课。孩子好不容易盼来一个假期，就这样在忙忙碌碌中度过了。

很多孩子都表示不满，这样一味盲目地给孩子"充电"只会让他们感到烦躁、焦虑，甚至产生厌学情绪。在这个时候，陪孩子过一个有意义的假期就显得至关重要。

强迫孩子做不感兴趣的事是毫无意义的

今年刚上三年级的笑笑，每天愁眉苦脸的，因为她爸爸将她的假期安排得满满当当，每天上午学习书法、画画，下午去学琴，晚上到奶奶家写作业……笑笑说，她并不喜欢爸爸妈妈给她安排这么多的内容，她很羡慕邻居家的小朋友放假时能出去玩。

所有的家长都想让自己的孩子能够尽可能多地学一些东西，但是如果孩子做的是他自己不喜欢的事，纵然家长费尽心思，孩子也不愿意接受，他们只会认为家长将他们仅有的休息时间剥夺了。这样，钱也花了，课也上了，时间也浪费了，却收效甚微。所以，家长要根据孩子的兴趣来对孩子进行培养，让孩子把要学的东西都学透彻。

有很多家长在孩子很小的时候就给学报很多兴趣班的课程学习去学习，但其实，在小学低年级时，让孩子提前学新知识，可能产生不了家长预期中的效果。如果孩子能跟上学习的进度，理解力不逊色于别人，不妨把新知识留到开学以后再学。提前投入过多精力预习，以后再重复学习，很容易产生厌倦的心理。所以在孩子小的时候，不妨让孩子多进行阅读，为以后的学习打下坚实的基础。

写给爸爸的话：假期怎样安排才更有意义呢？

假期是休息、娱乐和玩的时间。那么，爸爸应该怎样来安排和孩子的假期生活呢？

带孩子旅游，开阔视野、增长见识

"读万卷书，行万里路"是自古流传下来的话，几乎一半以上的孩子，都认为和父母在一起最快乐的事情是和父母出去旅游。在孩子的课本中常常会出现《桂林山水甲天下》《望庐山瀑布》这样描述风景名胜的文学作品，孩子们会想知道，课本上描写的这些美轮美奂的景色究竟是什么样的人间仙境。

爸爸工作虽然常常会很忙，但是在孩子的假期里，还是应该多抽出一些时间陪着孩子去外面走走看看，这样会使孩子进一步开阔视野，增长见识。

带孩子参加公益性的社会活动

爸爸可以带孩子到敬老院、福利院；也可以带孩子走访革命根据地，听老战士讲当时的故事。让孩子在享受活动乐趣的同时，拓展自己的视野，提升自身素质。

同时，爸爸还可以带孩子参加公益性的活动，让他懂得生活的不易，学会珍惜现在所拥有的一切。

陪孩子进行阅读

在假期中，作为孩子的父亲不必勉强孩子必须读与考试有关的书籍。为了拓展孩子的视野，可以根据孩子的兴趣，有针对性地选择课外读物。

兴趣是培养习惯的前提，当孩子对自己手中的读物感兴趣时，便可以养成天天读书的习惯。

同时，爸爸也可以带孩子去书店，让他亲自挑选喜欢的书，提高他在整件事的参与度，保持其读书热情。

尊重孩子，让孩子们做一些心里真正想做事

每个孩子都有自己的兴趣爱好，有的喜欢游泳，有的喜欢绘画，有的喜欢跳舞……爸爸需要充分尊重孩子的兴趣爱好，让其自主选择喜欢的事情。在这个过程中，爸爸要担任好引导的角色，帮助孩子做出正确的选择，杜绝不良习惯地产生。

在假期中，爸爸也要给孩子安排适当的体育运动，让孩子外出锻炼，多呼吸室外的空气，充分吸收阳光，对孩子的身体健康是很有好处的。

第四章 爸爸陪孩子"玩",究竟有多重要

1. 陪孩子下棋,培养孩子"输得起"的精神

五子棋、围棋、象棋、飞行棋、跳棋……是我们生活中经常玩到的棋类游戏。爸爸经常陪孩子下棋,不仅可以培养孩子"输得起"的精神,而其还能锻炼孩子脑力。经常下棋可以提高孩子的记忆力和空间推理能力,帮助他们学会未雨绸缪,有逻辑性地做出最理想的选择。

故意输给孩子真的好吗

劳伦斯·科恩在《游戏力》中写道:"有人问一群4岁的孩子,他们是想跟同伴还是父母玩,大部分孩子选了父母。你很惊讶吧?他们说,和父母一起玩,他们可以获胜,可以主导游戏。"

应用到生活中的情景是这样的——玩游戏的时候,孩子发现自己快要赢了,就得意扬扬、兴致勃勃。若是发现自己要输了,就会耍赖地说道:"你不能这样走……你应该这样走才对嘛……"或者他可能会把棋子打

乱，按自己的意愿重新布局，以利于自己赢。甚至，有的孩子还用哭闹来要赖，最后干脆把棋盘推翻，说："一点儿也不好玩，我不玩了！"

为了让孩子获得快乐和照顾孩子的自尊心，很多爸爸在游戏的过程中会故意输给孩子。但这样真的好吗？

劳伦斯·科恩认为："让孩子准备好面对冷酷世界的想法，是促成游戏中输赢的决定要素，它反映在运动竞赛中的效果最强，也会出现在棋盘类游戏中。"在下棋的时候，难道故意输给孩子就是我们让孩子去面对未来社会残酷竞争的科学做法吗？

爸爸陪孩子下棋的目的，一方面是陪伴孩子，另一方面是锻炼孩子的大脑思维能力。如果爸爸为了哄孩子高兴故意输棋，就是一种过度保护，给孩子留下"他永远都是赢家"的错觉。当他在以后的生活中遭受失败，心里防线很容易崩溃，甚至自暴自弃。

坚持公平比赛，培养孩子良好的心理素质

真正有智慧的爸爸在陪孩子下棋的时候，不会故意输给孩子。也许失败后孩子会懊恼、哭泣，但慢慢地就会适应。这不仅可以增强孩子面对失败和挫折的能力，而且还能培养良好的心理素质。

有一位爸爸，每天都会抽出时间和孩子下象棋。在第一个月，爸爸每次都故意输给孩子。孩子认为自己的水平很高，便骄傲起来。到了第二个月，爸爸再次和孩子下棋时，轻而易举地打败孩子，连续很多天都是这样。孩子从一开始的不服气，到后面崩溃大哭。这时，爸爸对孩子说道："你现在还觉得自己很厉害吗？"孩子抽泣地摇了摇头。爸爸继续说道："真正的男子汉，是不会因为这一点儿小事而哭泣的。赢了不要骄傲，输了不要气馁，最重要的是你要学会接受自己的失败。"

在儿童心理学上，"输不起"是孩子的一种正常的心理现象表现。无论什么事情，孩子总是希望自己能做到更好，比别人强，获得周围人的认可。可是因为孩子年龄小，各方面都不成熟，他并不了解自己的强项和弱项，一旦不如人时，就会表现出不满的情绪。

但在真正的比赛中，没有谁会谦让。因此，爸爸在陪孩子下棋时，要坚持比赛的公平性，遵守游戏规则，培养孩子"学会服输，学会接受失败。"的良好心态。

写给爸爸的话：陪孩子下棋，如何才能让他既输得起，又不失兴趣

有很多家长反映："如果我坚持赢，让孩子失去了下棋的兴趣，怎么办？"

不取笑孩子

孩子在刚开始下棋时，很有可能会一直输，但是爸爸千万不能以此取笑孩子，应该帮助孩子找到失败的原因，同时循循善诱，增加孩子的信心。

教孩子下棋时，爸爸一定要有耐心，不能用太严苛的标准要求孩子，更不要说孩子笨，就算孩子学得慢一点儿，也要耐心地一一讲解。这样，即便是经常失败，孩子也能坦然面对。

及时夸奖

在下棋过程中，当孩子走出一步好棋时，爸爸一定要及时进行夸奖："这着棋走得真好，太聪明了。"从而有效地增加孩子对下棋的热爱。

"不着痕迹"地输上几回

当孩子"屡战屡败"，露出深深的失落情绪时，爸爸可以"不着痕迹"地输上几回。这样既可以避免孩子对下棋失了兴趣，又可以通过赢棋的行为增加孩子的自信。

引导孩子正确对待输赢

比赛结果固然重要，但比赛的过程同样值得珍视。爸爸要告诉孩子，输了不要垂头丧气，下次还有赢的机会。同时，引导孩子弄清楚失败的原因，并引以为鉴。如果赢了比赛，爸爸需引导要孩子关注对手的感受，不骄不躁。爸爸要引导孩子多参与团队活动，学会合作。

2. 陪孩子爬山，培养孩子的耐力和毅力

在现在很多孩子身上，经常能看到"公主病""王子病"的痕迹。这些孩子经常表现为：胆小、娇气、不能忍受批评。父母想要提高孩子的忍耐力，提高他们的吃苦能力，却往往无能为力。

如果家长经常带孩子爬山，有助于塑造孩子坚毅的性格。研究表明经常爬山的孩子往往行事利落，性格坚毅果敢。

陪孩子爬山可以锻炼孩子的意志力

经常爬山，可以让孩子懂得凡事只有坚持不懈才能获得成功的道理。他们会明白，不论前方有多少险阻，都要把事情做到底，不能半途而废。研究发现，经常爬山和徒步行走的孩子，往往更有毅力和耐力。

有的爸爸提出疑问："孩子年龄那么小，身体都没长好，这样冒然去登山，孩子会吃不消吧？"英国《每日邮报》报道，美国曾有一对父母带着3岁的女儿，一起爬遍了美国的大山。

女儿一出生，这对夫妇就带她游览了美国很多著名的国家公园，在徒步旅行的过程中，需要用绳索攀岩时，就将女儿负在背上。

女儿18个月大的时候，就在自家室内攀岩墙上练习攀爬技能。他们认为，没有什么是比和大自然成为朋友更好的学习、成长方式了。

爬山的过程是非常辛苦的，但可以使孩子懂得坚强的意志是磨炼出来的，在困难的环境中才能锻炼人的意志，使人变得更有毅力。孩子们吃点儿苦头，受点儿挫折，对今后的成长都有好处。

坚持爬山，可以让孩子获得成就感。在一步一步攀登的过程中，孩子能够感觉到自己是身体和环境的主人。每克服前进道路上的一点儿困难，他的心中就会产生一种无形的自豪感，这样的感觉会促使他更加拥有自信心和成就感。这种感觉，是一直待在室内的孩子无法感觉到的。

写给爸爸的话：如何让孩子坚持爬到山顶

爬山是极其考验人的体力和耐力的，一望无尽的道路很容易让人选择放弃。为了让孩子能够成功地登上山顶，家长要提前做好功课。

在爬山途中设置趣味答题关卡

爸爸可以和孩子进行爬山比赛，每到一个关口，就取出事先准备好的趣味问题。这些问题可以是脑筋急转弯，也可以是科学类型的小问题等。如果孩子答不出来，就要受到有意思的"惩罚"。

同样，爸爸也可以鼓励孩子准备一些问题，如果爸爸答不出来，同样要接受"惩罚"。这样会使爬山的过程更加开心。

终点利益诱惑法

爸爸要承诺孩子，如果爬上山顶，便答应他的一个要求。相反，要是孩子爬不上去，也要答应爸爸的一个要求。

爸爸可以帮助孩子，将爬山的大目标分解成较容易达到的小目标。让孩子在不断达到目标的喜悦下，充满热情地去克服困难，坚持不懈地去努力。

引导孩子欣赏沿途的风景

在爬山的过程中，会遇到很多有趣的东西。比如半山腰一座小亭子，都可能藏着很多有趣的故事。这时，爸爸可以给孩子讲讲关于这个亭子的有趣故事。而且，在爬山的过程中会看到很多植物，爸爸可以引导孩子去探索，让孩子试着说出这些花草树木的名字和一些有趣的故事。

让登山的过程变得有趣起来，会在很大程度上消除孩子的疲乏感。

及时给予孩子表扬、鼓励

在孩子完成一个个目标的过程中，爸爸要及时给予孩子鼓励，可以对孩子说："你真棒，这么快就完成了第一个目标，再接再厉，继续迎接下一个胜利。"在孩子想要放弃的时候，爸爸可以对孩子说："不远的地方就是胜利，再坚持一下，你会看到不一样的风景。"

无论孩子遇到什么困难,都要想方设法地鼓励他,让他再坚持一下,直到取得最终的胜利。

在爬山之前,爸爸要做好准备工作,选择合适的线路。比如,有的山路是一级级人造石阶,爬山会很枯燥、无聊。这并不是一个好选择,而有的是溯溪小道,有潺潺的流水,形状各异的石头,这样的路更容易获得孩子的喜欢。

爬山对孩子有着很多意想不到的好处,爸爸不妨在闲暇时间设定好旅游路线,带孩子一起去爬山吧。

3. 陪孩子做科学小实验,激发孩子的好奇心和探索热情

爱因斯坦曾说:"我没有特别的天赋,我只有强烈的好奇心。"实际上,每个孩子天生都带有好奇心。在生活中,他们喜欢做各种各样的探索和尝试,喜欢问父母各种各样的问题。父母不要小看这些问题,也不要对孩子的做法产生不耐烦的情绪,这正是孩子们探索世界的开始。当孩子处在喜欢探索的阶段时,爸爸不妨陪孩子做一些简单的科学小实验。这样既能培养孩子对科学的兴趣,又能激发孩子的好奇心和探索的热情。

用实验向孩子解释自然现象

原北京大学校长陈佳洱在一篇文章中写过这样一个故事:小时候,邻居奶奶告诉过我,打雷是因为雷公要劈死不孝子。一天,天空中电闪雷鸣,我非常害怕急匆匆跑到父亲房间。但是父亲笑着说,事实并非如此。

父亲动手为我做了这样一个小实验,他将几个小纸人放在玻璃板之下,然后用绸布和玻璃反复摩擦,玻璃带了电,就将纸人吸了上来。之后,父亲为我讲明了其中的科学原理和电的用处。我们还一起去看了《发明大王爱迪生》《居里夫人》,让我对科学产生了浓厚的兴趣。

利用孩子的好奇心，培养他们用科学思维看世界的能力

孩子们带着好奇心来到世界，他们一睁眼便在观察着这个世界，脑袋里面不断地形成认知，去了解这个世界。他们对这个世界的启蒙认知来源于生活，而科学也是我们生活的一部分，所以爸爸们应该多和孩子们玩一些科学方面的游戏，一起阅读科学读物，将这些和他们的生活联系起来，更好地去体会到学习的乐趣。

有一些爸爸会感到很困惑："我对科学都不太了解，怎么去启发孩子呢？况且孩子那么小，他们能理解那些'高深'的知识吗？"通常意义上讲，孩子3岁左右就可以接受正式的科学启蒙教育了。在美国，很多小朋友在3岁就开始大量地接触科学知识了。Facebook（脸书）的创始人扎克伯格在女儿还没满月的时候就开始给她看量子力学的内容。

科学家李淼教授说过："科普最大的作用其实并不是传授孩子一些特定的知识，而是培养孩子用科学思维来看待世界的能力。即使将来知识本身有一定的更新，这种能力也会让他们受益匪浅。"

4. 陪孩子一起放风筝，培养孩子的耐心

对于一些平时忙于工作的爸爸，不如选一个假日，带孩子到户外放风筝。当风筝高高放飞的时候，孩子的梦想也会随之起飞。孩子总是会对广袤的天空通常有着无限的遐想，放飞风筝的过程也是他放飞梦想的过程。在这一过程中，爸爸可以多和孩子进行交流，分享彼此的快乐，这是一项很愉快的体验。

爸爸和孩子一起把风筝放起来，满满都是成就感

张培下班回家，7岁的女儿跑过来拉着他的手，说："爸爸，爸爸，老师让我们明天去公园放风筝。"张培想到明天是星期六，自己平时也很

少陪女儿，就答应了。女儿非常高兴，在客厅连蹦带跳。

第二天，女儿早早就起床了，在张培的陪同下，来到公园的广场上。那里人很多，但大部分是家长和孩子在那里放风筝。张培正准备指导女儿如何去放风筝，女儿却迫不及待地跑了起来。忙活了大半天，她的风筝也没飞起来，急得满头大汗。最后在父女二人的努力下，终于把风筝放到了高空。

放风筝，这不仅仅是一项很好的娱乐休闲活动，还能培养孩子不骄不躁的性格。放风筝需要一定的技巧，同时也需要很多的耐心。当孩子经过自己的努力，将风筝放到高空时，不仅会产生一种满满的成就感，而且无形中培养了他们的耐心。

另外，陪着孩子去放风筝，看到孩子无忧无虑地玩乐，也会勾起家长们很多快乐的回忆。当爸爸看到风筝在天空中尽情飞舞的时候，会暂时忘掉工作的烦恼，专心地陪孩子感受童年的快乐。

写给爸爸的话：给孩子讲讲关于放风筝的注意事项

陪着孩子放风筝是很快乐的一件事，但放风筝也不是那么容易。爸爸和孩子讲清楚放风筝要注意的问题，这样才能让孩子的风筝顺利地飞上蓝天。

巧妙借助风力

志刚带着自己7岁的儿子小涛去放风筝，这天风很大，他们并没有将风筝放飞。小涛有些失落："爸爸，为什么我们的风筝飞不起来啊？"志刚笑着揉了揉小涛的头说："现在风力不太合适，稍微等等，不要气馁，我们一起努力。"

志刚接着说："风筝只有遇到了合适的风和力量才能飞起来，太大的风对风筝上天没有好处。"然后志刚带着小涛找了一个合适的地方，很快风筝就飞了起来。小涛欢呼雀跃，志刚又告诉他："现在开心还不到时候，一定要让它飞到高处稳定了，才算成功。"小涛看着那越来越高的风筝，高兴得直拍手。

在放风筝的过程中，爸爸要让孩子学会放风筝要学会借助风力，放风筝的过程中不可放得太快，线不能拉得太紧，要一步一步稳稳地放线。否则，就会适得其反。

放风筝最好的季节是春秋两季，清明更是放风筝的最佳时节，因为这段时间风速均匀，风向稳定，更有利于风筝的起飞。

选择比较空旷的地方

爸爸要告诉孩子，放风筝的时候，要选择周围没有建筑物、树木不太高大、没有电线杆的地方，尽量选择空旷一些的地方，要注意地面的平整。

防止受伤

很多人都曾被风筝线割伤过。尤其是风大时，风筝线绷得越紧，风筝就越难控制。为了避免事故的发生，爸爸要教给孩子正确放线和收线的方法，告诉他不能用手直接接触风筝线，同时也要远离行人。

在放风筝时，孩子凝视远方可以缓解眼睛疲劳，能有效地预防孩子近视。孩子专注地跟着风筝来回奔跑，还能锻炼孩子的运动能力……放风筝有如此多的好处，爸爸们在假期或者休息日就别带着孩子"宅"在家里了，赶快出去玩吧！

5. 和孩子一起玩水，给孩子带来快乐

古希腊哲学家曾说："水是万物之源。"现代心理学家也说："水和孩子之间有着不可分割的关系。"很显然，生活中有很多爸爸没有意识到这一点。很多爸爸在看到自家孩子在河边玩水，往往会不分青红皂白说一句："玩水很危险，知道吗？"然后怒气冲冲地将孩子带回去，并对其进行严厉地批评，让他从此以后对水敬而远之。

玩水给孩子带来快乐的体验

玩水是孩子的天性。

蒙蒙出生在乡村，家门口有一条小溪，一到了夏天，爸爸就会带着蒙蒙

去溪边玩水。爸爸和蒙蒙经常是一人一个杯子,他们将水舀起来,去灌溉岸边的小花小草。有时候玩得兴起,蒙蒙会把水直接浇在爸爸身上,爸爸也从来不会生气,也将水洒在蒙蒙脚上,就这样一遍遍地,父女俩在水中嬉闹。

有时候,爸爸还会让蒙蒙将小伙伴们叫来,一起打水仗。爸爸会给小朋友们做水枪,"你射我、我射你"玩得不亦乐乎。虽然每次玩完后,身上都湿答答的,但他们丝毫不在意,从心底散发的开心洋溢在脸上。

有的爸爸认为孩子玩水是坏毛病,其实并不是这样的,孩子玩水很大程度上是聪明的表现。孩子是通过自己的感官去感知这个世界,喜欢玩水的孩子,往往有着很强烈的求知欲。如果孩子喜欢玩水,那爸爸就在家里给他创造一个适合玩水的环境,与之相反,如果爸爸一味地禁止,反而会让孩子更想玩,甚至偷偷跑出去玩耍。显然,针对孩子玩水,正确的做法不是"禁",而是"导"。

写给爸爸的话:怎样陪孩子玩水才能带给孩子更多的乐趣

在夏天闷热的时候,陪孩子玩水会给孩子带来更多的欢声笑语,和水有关的游戏项目可不少,下面让我们来看看吧。

游戏一:水上速度比赛

准备材料:小木棒、树叶、小石块

游戏方法:

找一条流动的河流,将河流的上游设为起点,将下游设为终点。爸爸将准备的材料(小木棒、树叶、小石块)放在起点处,让孩子去观察哪种材料能够最先到达终点。

游戏二:巧制泡泡水

准备材料:白砂糖、洗洁精、温水、液体胶水

游戏方法:

将水温控制在60℃,倒入洗洁精,洗洁精和水比例是1:3。然后,根据效果自行添加白砂糖和胶水。

成功之后，爸爸就可以陪孩子一起吹泡泡了。自己做出来的泡泡水不仅更安全，而且吹出的泡泡大又亮。

游戏三：硬纸板拦水

准备材料：硬纸板、杯子、水

游戏方法：

装满一杯水，用硬纸板盖上，不要让空气进去。

然后爸爸扶住硬纸板，将杯子倒扣过来，放开手。

这时，孩子就会惊讶地发现，水竟然被硬纸板托住，不会流出。

游戏四：制作彩虹

准备材料：喷雾器、水

游戏方法：

在天气晴朗时候，面对太阳，用喷雾器往空中喷水，就可以看见隐隐约约的彩虹了。

孔子说，"仁者见山，智者见水。"和孩子玩水是一种很好的亲子游戏。水的千变万化，可以起到培养孩子创造力的作用。爸爸应该珍惜身边每一次和孩子游戏的机会，在玩的过程中培养孩子各方面的能力。

6. 和孩子一起画画，丰富孩子的想象力

画画，不仅可以让孩子感悟到生活中的美学，还可以使他们的思维能力得到有效提升。孩子们的画不仅是他们关于这个世界的影像的投射，还能充分体现出他们丰富的想象力。简简单单的一张纸和一支笔，就能让他们发挥无穷创意，玩得开心。我们身为爸爸，在陪孩子画画时，无论孩子画得好还是画得离谱，都应该给予充分的肯定和赞扬。

陪孩子画画可以丰富孩子的想象力

生活中，有很多孩子喜欢涂鸦，但并不是所有的孩子都有绘画天赋。

当爸爸陪孩子画画的时候，不要带有什么功利性，更不要去打击孩子的"涂鸦作品"。

周末，爸爸陪女儿朵朵到公园写生。看到湖水里有几只天鹅，爸爸对朵朵说："朵朵，你把湖里的那几只天鹅画出来，好不好？"朵朵愉快地答应了。

爸爸又说："等你把那美丽的天鹅画出来了，给爸爸讲讲你画里的故事怎么样呢？"朵朵点点头，乖巧地说一声："好。"

爸爸帮朵朵展开画架，替她配好颜料，朵朵像模像样画了起来。看着朵朵画得这样专注，爸爸时不时表扬朵朵几句，可让爸爸没想到的是，半小时过去了，朵朵的画板上只有一只天鹅屁股和一只小小的天鹅。爸爸忍不住问道："朵朵，你这是画的什么？"

朵朵开心地说："爸爸，我画的是一只鹅妈妈和一只鹅宝宝，它们一起出去玩，小天鹅和妈妈失散了，就问青蛙叔叔：'您好！请问您见到我妈妈了吗？'青蛙叔叔说没有见到；小天鹅又问水牛伯伯：'您好！您看到我的妈妈了吗？'水牛伯伯也没有看到！小天鹅找啊找，找得快要放弃的时候，才终于在湖边找到了自己的妈妈。原来，妈妈在湖里潜水，只露一个屁股在水面上。"

听完女儿的话，爸爸哈哈大笑又忍不住称赞："我的朵朵，你想象力太丰富了，这画很有创意。回家爸爸要给你裱起来，贴在咱们家的墙上，让大家都来欣赏你的作品。"朵朵也开心地大笑起来。

无论爸爸对孩子的画是否满意，都应该首先认可他们的能力。如果孩子画得确实像模像样，不要吝惜我们的赞美。适当的夸奖可以有效激发孩子绘画的兴趣，对开发孩子的想象力很有帮助。如果孩子画得不好，爸爸也不要严厉批评，要以鼓励为主。

通过绘画，孩子们能够充分认识到笔的作用，颜色的魅力，会到自己的成就感。当孩子们从家长那里得到了赞许和肯定时，他的自信心也会随之大增。

写给爸爸的话：如何引导孩子画画

孩子们生活经历不够，对于很多东西都缺乏印象。即使他们想要去画一个事物，却不知道该怎样去下笔，这时候，家长要耐心地引导。

爸爸经常陪小晨画画。一天，小晨想画狮子，但小晨小脑袋里面对狮子并没有什么印象，不知道该怎么画。这时候，爸爸就和小晨一起讨论狮子的特征，并在网上调出图片，查阅书籍，来加强小晨对狮子的印象。

到了下午，小晨交出了一份画卷，让爸爸非常满意。

到了周末，爸爸还专程带着小晨到了动物园，让她亲眼看一下现实中的狮子是什么样的。回家以后，爸爸再次鼓励小晨重新画一幅画。小晨拿着画笔，专心致志地回想今天下午看到的狮子和在网上找到的狮子图片有什么不同，重新画了一只威猛的大狮子。

正确引导孩子画画，要先为孩子提供充足的绘画工具和必需的绘画书本，同时，爸爸要经常性地参与到孩子的绘画中来。当然前提是孩子愿意，如果孩子拒绝，爸爸就不要强硬地站在一边指手画脚。更多的时候，爸爸可以做一个好的引导者，引导孩子去充分发挥想象力。

7. 陪孩子一起去做志愿者，让孩子体验生活

一位爸爸说："很久以来，我就有这样的想法，等孩子稍微懂事一点儿，我要经常带他去福利院做志愿者。我曾去过福利院，知道一个拥抱、一颗糖都能让那里的孩子幸福许久。"

带孩子一起去福利院或者敬老院做志愿者，既培养孩子的爱心，可以让孩子知道他能拥有父母、家人的爱，是多么幸运的一件事情，让孩子时刻保持感恩。日子久了，孩子就会慢慢发现，别人给他的爱并不是理所当然从而让孩子学会回报。如果只是单纯地进行说教，孩子是无法自己体会的，爸爸们需要在生活中，潜移默化地影响孩子的思想。

带孩子去做志愿者有助于培养孩子的爱心

在琦琦6岁的时候，爸爸就开始带着她到福利院做志愿者，如今已经过去了4年。与其他孩子比起来，琦琦更加懂事，更加善良，更加热爱公益事业。

琦琦的爸爸说，在孩子6岁以前，他没有想到要带孩子去做什么，他像全天下所有的父母一样，想要将孩子培养成一个琴棋书画样样皆精的才女。然而，他发现琦琦变得越来越自私，一涉及她自己的利益，就表现得全身带了刺一样。

这时，琦琦的爸爸意识到，培养女儿做人的道理，比教给她知识更重要。于是在琦琦过6岁生日的时候，爸爸特意准备了一些玩具、衣服，和一些钱，带她去福利院看望小朋友，并让她拿着这些钱给小朋友买一些小礼物。第一次到福利院，琦琦很开心，她一会儿给小朋友唱歌，一会儿给小朋友讲故事，一会儿又拉着小朋友玩。

在回家的路上，琦琦拉着爸爸的胳膊说："爸爸，这些小朋友真可怜，他们都不知道爸爸妈妈是谁，以后我要经常来陪他们玩。"听完琦琦的话，爸爸知道她已经意识到自己的幸运，意识到要学会帮助别人，要懂得照顾自己的父母。

经常陪孩子去做志愿者，可以有效利用孩子的业余时间，免去父母总是对他们玩手机、电脑劳心劳力的无奈和困扰。孩子在做志愿者的同时，在提升了自己的能力同时，知道凭借自己的能力是可以帮助别人的。这样，可以让孩子养成一颗感恩的心。

另外，爸爸在业余时间带孩子既可以丰富他们的生活体验，又可以扩大他们的生活圈子。让孩子亲自去体验社会的人和事，加深对社会的认识，对其成长是非常有益的。志愿活动在传递爱心的同时，也将关怀传递给了社会。这种"爱心"和"文明"从你和孩子身上延续，一直传递给他人，最终会汇聚成一股强大的暖流，感染周围的人和事。

写给爸爸的话：带孩子做志愿者可以做什么

做志愿者可以更好地帮助孩子认识这个世界，让他们时刻保持感恩。那么爸爸可以带孩子做哪些事呢？

陪孩子到敬老院

带孩子到敬老院，让他帮助老人的房间打扫卫生。爸爸则可以给老人梳头、洗脸、剪指甲。

我们也可以让孩子陪老人下棋、跳舞、讲学校的故事等。很多老人很乐意身边有一个懂事的孩子陪伴，这样可以有效地减弱老人对家人的思念。

陪孩子去福利院

去福利院以前，可以给小朋友们带一些玩具、零食、日用品。

小朋友们喜欢吃零食，适当的零食可以增进和孩子之间的感情，也让孩子知道，他轻而易举得到的东西，很多小朋友都是没有的。

让自己的孩子陪着小朋友做游戏、唱歌、学画画

爸爸和孩子一起去做志愿者，会有意想不到的好处。不仅会让孩子觉得，原来还有那么多的人需要自己的帮助，还会产生自己生在一个父疼母爱、长辈关心的家庭，是多么幸运的幸福感，当孩子明白自己没有自怨自艾的理由，也没有什么骄傲放纵的资本后，孩子就会渐渐地懂得吃苦、懂得感恩。

对于孩子来说，每一次做志愿者，都是一次思想和心灵上的洗礼，这是家长喜闻乐见的。

8. 和孩子去游泳，做孩子的保护神

有句话说得特别好："你们再不陪我，我都长大了。"看到孩子无忧无虑地在水中畅游，家长们总是很欣慰。陪伴孩子们去做他们喜欢做的事情，

这是最简单也是最开心的事情。如果你一直忙于工作，一不小心就会错过孩子的童年。当你再想去好好陪他时，已然来不及了。所以，身为家长，我们要放慢步伐去好好地陪陪孩子，哪怕是一次游泳，也会发现孩子的快乐远比赚钱来得重要。

和孩子一起游泳，对于爸爸来说，可以减少他们在工作中的压力，消除生活中的烦恼，还可以增强身体素质。对于孩子来说，有爸爸在身边，他们会变得更加自信。

和孩子一起去游泳，增强孩子身体素质

爸爸们应该明白，陪孩子游泳可以有效锻炼孩子的身体，可以使孩子体魄更加健康，意志坚强并富有耐力，只要孩子身体条件允许，就一定要孩子坚持下去。

写给爸爸的话：游泳时，要注意保护孩子的安全

水有柔顺的一面，也有凶狠的一面。游泳的时候，爸爸千万不能像孩子那样玩得忘乎所以，以至于忘记了保护孩子的安全。

首先，不让孩子离开你的视线。

游泳的时候，爸爸要陪伴在孩子身边，以防出现任何紧急情况。尽量带孩子去正规的游泳馆，这些游泳馆都有专业的急救人员。如果是在室外活动，下水前爸爸要先观察周围的环境，如果有危险预告提示，就不要让孩子下水。如果是在海边，更要禁止孩子单独游到深水区。

其次，热身活动要充足。

游泳前，要让孩子做好充分的活动，慢慢入水以适应水温，并告诉孩子："抽筋的时候，应镇静不要慌张，保持身体平衡，尽可能慢慢向岸边靠近，同时呼救。"

孩子游泳前要保持正常的身体状态，太过饥饿、饮食过量都不宜下水。饭后一小时才能下水。

最后，预防孩子恶心呕吐。

当孩子被水呛到或者有疲乏感时，非常容易发生短暂性反胃，爸爸需及时带他上岸休息。若是游泳时耳朵灌进了水，可让他把头歪向耳朵进水的一侧，用力拉住耳垂，还可以用消毒棉签将耳道内的水吸出。

如果孩子身上有开放性的伤口、皮肤病、眼疾或感冒时，最好不要下水。

孩子喜欢水，那是天性。小孩玩水，那才叫尽兴。正因为孩子特别喜欢玩水，爸爸应该让孩子掌握游泳这项求生本能。孩子5岁之后，理解能力和解决问题的能力有了一定的发展，比较适合学习游泳。爸爸在教孩子学习游泳时要有耐心，要注意循序渐进，逐步适应，切勿操之过急，欲速则不达。一次下水时间不宜过长，以防着凉感冒。

第五章　爸爸为什么一定要经常陪孩子吃饭

1. 12 岁之前，你与孩子在饭桌上聊什么决定他的未来

在孩子 12 岁以前，他们对世界的认知并不深刻，需要从自己的父母那里去认识世界，这个时候，父母对孩子说什么，孩子眼中的世界就会是什么。在 12 岁以前，父母和孩子的谈话会影响他们一生。因为这个时间，是一天中全家人沟通最重要的时刻，在这样的时间和孩子进行聊天会比在平时泛泛说教更有意义。

很多爸爸对饭桌上的聊天并不在意，不会去注意自己说了什么也不觉得自己的说法对孩子有什么样的影响。在他们眼里，影响孩子世界的，只有是考试的分数、兴趣班。

吃饭时间，爸爸不要总是一味地教育孩子，可以多和他们谈论一些正面的、健康向上的话题。这样他们才会更乐于去听，在潜移默化中帮助孩子形成积极乐观的心态。从而帮助孩子塑造良好的性格。

爸爸的高度在很大程度上影响着孩子的起跑线，在餐桌上爸爸和孩子的谈话内容决定孩子拥有什么样的未来。

为什么在饭桌上的谈话会决定孩子的未来

周恩来的侄女周秉建15岁时,要去内蒙古的牧区插队。临行前他去了一趟周恩来的寓所,她的伯父为即将离开家的侄女准备了一桌家宴。饭桌上摆放了一盘菜,周秉建从来没见过,周恩来指着这盘菜和她说:"这是苦瓜,很好吃,是主席的家乡菜,特意为你准备的。"

周秉建尝了尝,确实是苦,但是她知道,自己的伯伯是想让她知道,既然出去了,就要做好吃苦的准备,接受外在环境的锻炼。

餐桌上,父母的谈话对于子女来说是很重要的精神食粮,这比桌上的饭菜要重要很多。在餐桌上,爸爸会教会孩子怎样的礼仪,让孩子在吃菜时学习植物的生长模式,会告诉孩子怎样去处理敏感的人际关系。

孩子在这样的父母跟前,学到的不仅是知识、个性,还有日常生活中如何去为人处世。

写给爸爸的话:饭桌上应该如何谈话

爸爸和孩子在饭桌上的对话时,要减少训诫,注重气氛。因为每晚和孩子聊天的过程,是塑造孩子价值观的过程。在饭桌上,可以和孩子这样聊天:

不要否定,站在孩子的立场考虑问题

在和孩子聊天的时候,孩子经常会抱怨比如:"数学课好枯燥。"这个时候,爸爸不应该说:"怎么会呢?怎么会枯燥呢?数学课那么有趣⋯⋯"这样会把话题说死。当孩子觉得你和他的看法相悖,他会将话题终止。这个时候爸爸比较好的回答方式是:"是吗?数学课确实不简单,你能告诉爸爸是哪里枯燥吗?"爸爸需要站在孩子的立场,引导孩子说出自己内心的想法,更加有利地帮助孩子解决问题。

当孩子难过时,爸爸不要对孩子的情绪表现得不在乎,要引导孩子说出自己的苦恼,然后顺着孩子的苦恼去解决。

从小处引导孩子

在餐桌之上,爸爸想要了解孩子今天做了什么时,不要笼统地问孩子:"你今天过得怎么样?今天做了什么?"这样的问题,只会让孩子会变得敷衍:"没做什么,和往常一样,还好。"

爸爸可以试着问:"你今天上了哪些课呢?"当孩子回答"上了美术、音乐"后,家长可以顺着问:"音乐课上得开心吗?"这样,才可以将话题继续下去。

从小事问起,就简单易答,孩子才会愿意回答,不会感到有压力。

从别人的事谈起

爸爸如果直接问孩子在学校表现得怎么样,很有容易会引起孩子的反感。爸爸可以从别人的事情谈起,比如问自己的孩子:"你们班上谁最调皮?"孩子会说一个名字,爸爸就可以继续问:"他做了什么呢?"当孩子一项项如数家珍说出来的时候,爸爸顺势问道:"被老师批评真的好惨啊,你有没有被老师批评过呢?"

这样做,比"今天上课做什么了""你在学校有没有听话"等问题,更容易让孩子接受。

另外,面对美味佳肴,爸爸还可以和孩子谈谈自己一天的所见所闻,谈对当前发生的新闻或者事件的感想等,让孩子了解自己家里的经济状况、家庭的旅行计划等,很多话题家长没有必要避着孩子进行,让孩子尽早明白自己对家庭的责任,更有利于孩子的成长。

2. 陪孩子吃饭,是你进入孩子世界最好的机会

父母们经常抱怨:"我们家孩子什么都不说,每天闷在自己房间里,不知道该怎么办。"但是他们不知道,孩子也在一味地诉苦:"家长们从来不理解我的需要,他们对我喋喋不休,却从来不听我说话"。

很多家长都是第一次成为父母,不知道该如何去和孩子进行沟通、

交流。他们努力尝试了种种方法，但依旧很难走进孩子的内心世界。和孩子疏远成了很多家庭矛盾的导火索，对于爸爸而言，要想走进孩子内心世界，其实并不难，他们可以从一些很小的事情做起，比如陪孩子吃饭。

有位教育学家说："多蹲下来听孩子说话，你看到的将是一个纯真无邪的世界。"即父母只有放下自己的架子，才能真正地了解孩子的内心世界。

陪孩子吃饭，可以使爸爸进一步走进孩子内心世界

多多的爸爸经常在公司加班，所以他只能由奶奶照顾，最近奶奶回了老家，家里就只剩下多多一个人。后来爸爸给多多请了一位保姆，但保姆做的饭完全不合多多胃口。

那段时间，多多总是胃疼，学习成绩也直线下降。爸爸意识到问题的严重性，于是和公司申请，将自己手里的任务多分担给别人，应酬也是能推就推。虽然钱赚得少了一些，但有了更多的时间陪着孩子吃饭。

餐桌上，所有的倾诉和交流，都包含了满满爱的深意。于丹曾说："对于孩子，最终的成全，是孩子的人格和心灵。"爸爸陪伴孩子吃饭，可以让孩子在这段时间将所有不愉快的记忆抛开，毫无保留地说出心中的话。在这样的时间，可以弥补孩子内心的创伤，可以提升孩子的幸福感，可以使孩子的心智更加健全。

孩子是很容易满足的。他们并不在意自己的爸爸在工作上有多优秀，人际上有多广，只要能经常陪伴自己，他们就非常满足了。对于一些爸爸来说，无论外面有多忙，应酬有多少，都要学会合理安排自己的时间，每周至少有几天留在家中吃饭，如果出去应酬了，最好赶在孩子睡觉前回家。

当爸爸走进了孩子的世界后，孩子会很乐意听取爸爸的建议，无论让孩子学习什么，他都会动力十足。因为他知道，爸爸妈妈是他坚强的后盾。

写给爸爸的话：怎样才能更好地走进孩子内心世界

陶行知曾经说过："真教育是心心相印的活动，唯独从心里发出来的，才能打动心灵的深处。"父母要学会从心出发，用心去走进孩子的内心。怎样才能走进孩子的内心呢？建议爸爸做到以下几点：

肯定孩子的优点

爸爸不要总是端着长辈的架子，要学会从孩子的角度去思考问题，去了解他的喜好。这样，才能找到和孩子的共同话题，形成更好的亲子关系。如果孩子的问题较多，爸爸也不应全盘批评教育，要多发现孩子的优点，以正向教育为主。爸爸经常指责孩子，会在极大程度上伤害到孩子的自尊心。在家长的称赞中长大的孩子，更懂得感谢，也更具备自信。

找到和孩子的共同话题

如果爸爸一味地和孩子讲道理并不能收获到很好的效果。因此，爸爸们要学会结合孩子的心理特征，找到恰当谈话方法和技巧。比如孩子喜欢某些当红明星，爸爸可以去试着了解这些人，有了共同的话题后，再试着走进他们的内心世界。

如果爸爸只是单纯地进行说教，只知道训斥孩子，那孩子就会觉得和爸爸没有共同语言，更加反感自己的父母。那么，父母更难了解孩子心中真正的想法。

爸爸多引导，少说话

爸爸在和孩子沟通的时候，应该表现出适当的热情，高高兴兴地和孩子进行交谈。当孩子说得兴起的时候，不要随意打断孩子的谈话，更不要指责孩子。当孩子结束说话后，再表达自己的看法。爸爸要引导孩子说出内心的话，在家长的引导下，孩子就慢慢地变得爱说话，也愿意把心里的秘密和爸爸分享。久而久之，爸爸就更容易走进孩子内心世界了。

想要走进孩子的内心世界,说起来简单做起来并不容易。爸爸要多进行观察、思考,运用多种方法和孩子进行交流。与孩子建立一个健康的交流环境,帮助孩子真正健康地成长。

3. 陪孩子吃饭,和他的成绩之间的关系

随着生活节奏越来越快,爸爸身上背负的压力越来越大。他们不仅要努力工作,还要去做公务上的应酬,维持自己的社交生活。于是,一家人齐聚在餐桌前也越来越成为一种奢望。

经常和父母一起吃饭的孩子成绩更好

美国教育家莎莉·路易斯在她的作品《唤醒孩子的才华》中写道:"有人研究到底哪些因素促使孩子在学习能力测试上得高分。智商、社会条件、经济地位都不及一个更微妙的因素重要,那就是,得高分的所有孩子都经常与父母一起吃晚饭。"

当然,除了晚饭,早饭的作用也至关重要,最近有项研究表明,孩子的学习成绩和每周吃早饭的次数正比。吃早饭次数越多的孩子,他们的成绩越高。

因此,无论是早饭还是晚饭,家长陪孩子好好吃饭,都是非常重要的。

为什么陪孩子吃饭,孩子成绩会更好

美国前总统奥巴马,身为一个大国的总统,他的工作压力非常大,但是无论他的工作有多么繁忙,都坚持晚上和家人一起吃饭,每周最多错过两次。

晚餐相当于给孩子提供了一个可以倾诉的机会,让他们宣泄在外面遇到的不满、委屈等。孩子适时地将情感宣泄出来,可以更加专注学习。同时,家长陪着孩子一起共进晚餐,还可以让孩子感受到家庭的温暖,

让他们感觉到安全感。家长的关心,还可以让孩子体会到被关注的感觉。

每天定时吃晚餐,让孩子多听一些父母对问题的处理方法,潜移默化地让孩子学习到爸爸身上的独立、自强、宽容大方等优点,学到妈妈身上的温柔、体贴、专心细致等优点。另外,无论是哪个年龄段,早餐对于孩子来说都是非常重要的。没有吃早餐的孩子,没有足够的营养去应对学习,容易变得分心。中国教育创新研究院院长刘坚说:"吃早餐,是一件用小的投入获得大的回报的事。"刘院长建议家长:"要多多陪伴自己的孩子,不仅要关注孩子在学校的表现,同时要督促并陪伴孩子每天吃早餐和晚餐。"

写给爸爸的话:怎么样陪孩子吃饭,让孩子更聪明

孩子智商的高低,是父母最关心的问题了。谁都希望自己的孩子聪明好学、机灵活泼。有些孩子出生时智商正常,但因为父母没有好好陪孩子吃饭,关心孩子,导致孩子成绩下降。那么怎么样陪孩子吃饭,让孩子更聪明呢?

早餐喝牛奶

孩子们早上刚刚起床,活动量并不大,往往不愿意吃早餐。还有的孩子因为早上时间紧张,就不吃早餐了。因此,早餐可以不用准备大量饭菜,只要准备好搭配合理的主副食就可以了。

孩子成长中需要补钙,每天喝牛奶是最好的补钙方法。平均每100毫升的牛奶中钙含量为100~120毫克,每天喝250毫升,就可以达到中国营养协会推荐的钙供给量标准的40%。再从其他食物中摄入百分之五十,这样两者合起来,就会基本达到正常的钙含量。

除了牛奶,每天的早餐中有一个鸡蛋会更好。

早餐要吃主食

有的爸爸认为,孩子早上喝一杯牛奶、吃一个鸡蛋就够了,其实,这是一种错误的想法。

早餐除了牛奶、鸡蛋这样的营养食物，还一定要吃主食。孩子上课要大量用脑，每餐50~100克的主食，分解开来可以给孩子提供大量的葡萄糖。当然吃主食太多也不好吃太多主食，可能会影响孩子的学习效率。

多吃鱼

如果有条件，爸爸可以每周让孩子吃几次鱼，鱼要买新鲜的，并且尽早食用，不要放在家里太久。鱼中含有的卵磷脂可以起到活化脂肪的作用。同样包含高含量卵磷脂的还有鸡蛋、豆类食品、豆浆、豆干、豆腐等。

吃"团圆饭"

和爸妈一起吃饭的孩子，饮食上营养会更加协调。在父母的要求下，他们摄取到更多水果、蔬菜等。一个人孤独地吃饭，会只吃自己喜欢的食物使营养搭配不均衡。所以，为了让孩子有一个更好的大脑发育条件，也为了进一步促进和孩子之间的感情，最好家长自己做菜，来让全家共享。

每个爸爸都希望自己的孩子健康成长，而陪伴对孩子来说是很重要的。我们千万不要等到孩子长大了，再去反思自己当初没有好好陪伴他们。

4. 爸爸该教孩子的餐桌礼仪，对他将来好处太多了

对于孩子来说，在家中的时候和父母一同进餐，步入了社会，和朋友同事一起聚餐……因此，陪养孩子一个好的用餐习惯，可能帮助他们更好地适应社会规则。如果爸爸能让孩子从小就养成文明的用餐习惯，对孩子来说，是一笔很有价值的资产，而这样的资产是无法用金钱衡量的。

然而，今天的很多父母，他们考虑的是怎样让孩子吃得好，怎样让孩子吃得更有营养，往往忽视了孩子的餐桌礼仪。

为什么要养成良好的餐桌礼仪

南南和爸爸去参加一个阿姨的婚礼，餐桌上大家你来我往，聊得很开心。饭菜上桌后，别人还没动筷子，南南就忙不迭地拿起筷子吃了起来。他想吃哪个就夹哪个，想吃什么菜就把那个菜转到自己跟前。别人刚拿起筷子要夹菜，盘子就被南南给转到一边去了。当别人的筷子悬在空中时，总是很尴尬。本来就是菜少人多，南南面前的盘子里却总是堆得满满的，到最后吃不完剩了好多。

在餐桌上，孩子们有时候注意不到礼仪，如吃饭发出声音、狼吞虎咽、自己喜欢的就不想让别人"染指"一点儿等，他们总是以自己为先，总担心自己比别人少吃了一些……对此，家长们习以为常，觉得这是孩子天性使然。

然而，如果爸爸对孩子的餐桌礼仪视而不见，等于是关了孩子学会文明礼貌的一扇门。在餐桌上，孩子的一切表现，就等于是用一种无声的语言来告诉别人，他是谁，对于生活是什么样的心态。不过是一顿饭的工夫，就已经足够了解一个人。

写给爸爸的话：怎样来培养孩子的餐桌礼仪呢

如果做爸爸的不希望自己的孩子未来在社交场合输在饭局上，那么餐桌礼仪就要从小学起。

请长辈先入座，给长辈先盛饭

在孩子小的时候，爸爸们应该起到示范作用，吃饭以前先请长辈入座，先给长辈盛好饭。在长辈尚未用餐以前，晚辈不能先动筷。孩子接家长递来的饭时，应双手接过，表示对长辈的敬意。

吃饭时不要在盘中翻来翻去

有的孩子为了挑自己喜欢吃的菜，喜欢在菜盘中翻来翻去，挑走自己喜欢的，将不好吃的留给别人。这是一种很不礼貌的行为，会给人留下一种自私的印象。我们要告诉孩子，在夹菜的时候不要随意乱翻，不要伸筷子到别人面前夹菜，只吃自己近旁的部分。

夹菜时要避免与人碰撞

在夹菜时，两个人的筷子碰到一起，这样的做法叫作抢筷，会给人饥不择食的感觉，让人觉得你没有教养。因此我们要教孩子在夹菜时动作不要太快，别人夹菜时，要等待，同一道菜不要连续夹，最好不要超过三次。

筷子上沾有东西时不夹菜

孩子在夹菜的时候，要使自己的筷子保持清洁，如果筷子上沾有饭粒，或者沾着其他什么东西，一定不要去夹菜。在吃饭时不要只顾着自己吃，要为别人考虑。

不要一边吃饭一边说话

满嘴的东西和别人说话，这非常不礼貌。传统的习惯认为"食不言，寝不语"。所以爸爸要告诉孩子，吃饭的时候尽量不要说话。而且边吃饭边说话不但会影响消化，还会让别人吃饭也心不在焉。保持安静，细嚼慢咽地吃饭是最正确的吃饭方式。

要使自己周围保持干净

有的孩子在吃饭时，会不小心将饭菜掉在桌面上，这时候爸爸不要视而不见，正确的做法是用餐巾纸将面前掉落的东西清理干净，给孩子做一个好的示范。并且，爸爸同时要告诉孩子，这样做既可以让自己舒心，也不会影响别人的就餐心情，尤其是掉落在旋转桌面上。

正确放筷子

爸爸要告诉孩子，在喝汤、拿东西的时候，需要暂时将筷子放下来，同时拿两种餐具是不礼貌的。放筷子时，要注意不要将筷子插到饭上面等。同时，两根筷子也不要分得太开，筷子上面不要沾有食物，要将筷子清理干净。

《弟子规》中说："或饮食，或坐走，长者先，幼者后。"这和社会的要求是一致的。餐桌礼仪，将会陪伴孩子一生，父母如果爱孩子，就要注意从小培养孩子成为餐桌上的绅士。

5. 记住，永远不要在饭桌上训斥孩子

父母每天都忙于工作，只有吃饭的时候，才有时间坐下来将注意力放在自己孩子身上。在餐桌上和自己孩子一起吃饭，这本来是父母建立一个与孩子交流沟通的平台，但是，很多父母经常因为一点儿小事，就对孩子横加指责，这便让孩子没了和父母沟通的兴趣，使本来很好的一个交流平台堵塞。

因此父母要避免把餐桌当成说教的平台，多和孩子讨论一些有趣的事情，让餐桌沟通促进和孩子感情之间的交流。

为什么餐桌上要避免训斥孩子

小权的父母平时都是"上班族"，一天下来，父母和孩子交流最多的时间是在餐桌上。一天爸爸下班时候看到小权在玩电脑，当时就说了小权几句。等到晚上，一起吃饭，爸爸想起刚刚小权的做法，又开始数落小权。本来闷声吃饭的小权忽然就推开座椅，转身回到自己的卧室。

小权爸爸和小权进行了一次长谈，小权告诉他，别人家吃饭都是欢声笑语不断，爸爸讲讲当天发生的趣事，妈妈关心今天的饭菜好不好吃，合不合口味等。但是，到了他这里，就变了味道。一到饭点儿，话题就成了他，爸爸不是批评他玩游戏，就是说他成绩不好，这让他很反感。

在餐桌上训斥自己的孩子，是我们很多家庭很常见的现象，一半以上的孩子在吃饭时都会受到父母的批评。这样不但不起到教育孩子的效果，还会产生很多坏处。有的父母在训斥完孩子之后，还强硬地让孩子将饭吃完。根据研究显示，孩子在心情低落的时候进食，会不利于孩子的身体健康。久而久之，孩子会把"吃饭"和"训斥"联系在一起，从而开始排斥吃饭，严重的还会引起厌食。

有的孩子为了逃避过度压抑的环境，简单吃几口就离开了饭桌。孩子

不能像平时一样细嚼慢咽，会在很大程度上影响了他的消化。甚至有的时候，孩子直接被父母训哭，一边抽泣一边吃饭，很容易被一些小饭粒呛住。

结束一天繁忙的学习工作之后，和家人一起吃饭本该是轻松愉悦的，的事情不要让轻松的氛围变得紧张，更不要让孩子对吃饭变得反感。

写给爸爸的话：如何让孩子在吃得开心的同时还能学到东西

为了给孩子营造一个良好的用餐环境，爸爸一定不要在餐桌上训斥孩子，保持愉悦的就餐环境，对孩子有着莫大的好处。那么，爸爸应该怎样做，才会让孩子在吃得开心的同时也能学到一些东西呢？

让孩子参与到饭前小家务中来

在吃饭以前，让孩子去分发筷子、勺子，让孩子去帮长辈盛米饭；吃完饭后，让孩子帮忙撤掉盘子、抹桌子……这些家务，孩子完全可以承担。通过做家务，培养孩子对家庭的责任感，让孩子知道，身为家庭的一员，就要学会为家庭去分担。

培养孩子的时间观念

在吃饭的时候，家长应该将电视、手机等这样的电子产品关掉，全家人围在一起专心致志地吃饭，爸爸妈妈可以聊聊在公司的趣闻，孩子可以聊聊在学校发生的事情。爸爸要注意，不要让孩子磨磨蹭蹭地吃饭，一顿饭吃上一个多小时，不仅对孩子健康不好，还会使孩子养成磨蹭的习惯。

言传身教指导孩子进餐礼仪

在餐桌上，爸爸要教给孩子餐桌礼仪，良好的餐桌礼仪对孩子未来的发展有很大帮助。父母要学会以身作则，吃饭前先帮长辈盛好，帮长辈摆好餐具，等长辈入座自己再坐，长辈动筷以后，自己再动筷子。

引导孩子分享在学校的快乐

爸爸可以引导孩子说出，在学校发生的事情，同时在餐桌上多讲一些积极向上的话题，对孩子的一些做法进行鼓励，批评的话留到其他合适的时间再说。爸爸也要注意，不要将负面情绪带到餐桌上来，工作、生活要分开。

如果对孩子平时的一些做法有意见,爸爸也要记住一定不要选在餐桌上说。俗话说"当众不责。"意识就是说教育孩子的时候,要学会维护孩子的自尊。孩子的内心是敏感脆弱的,当众批评他会伤害到他的自尊,影响他的自信心,所以,爸爸不要在餐桌上、人多的地方批评孩子。爸爸可以到孩子房间,公平冷静地和孩子平等交流,这样孩子会更愿意敞开心扉,说出自己的想法。

6. 别领着孩子在电视机前吃饭

家长常常会发现这样的情况,平时调皮的孩子一看起电视,就会变得格外老实听话,于是"聪明"的家长们便选择让孩子边看电视边吃饭。有时候,甚至在孩子吃饭时特意打开电视。这样做确实方便了家长,但这样对孩子来说是有诸多坏处的。

日本媒体曾在报道中列举了关于电视机的种种弊端,其中一个后果就是,围绕电视机长大的孩子,视线很难稳定下来,因此孤独症便常常如影随形。

为什么不要带着孩子在电视机前吃饭

环环是一个性格外向、活泼调皮的孩子。他喜欢说话、捣乱,更喜欢长期"霸占"电视。在晚上吃饭的时候,他一边玩自己的玩具,一边看电视,爸爸妈妈还要在一旁喂他吃饭。环环的注意力不是在电视上,就是在自己手中的玩具上,简直把家长忙坏了。

这样一边玩,一边看电视,还要一边吃饭的孩子,往往很难养成做事专注的习惯。

一项医学期刊调查报告指出,对于一些孩子,他们常常被电视影像迷惑,甚至可能会对大脑造成过度的刺激。看电视越长的孩子,注意力越无法集中，甚至会出现焦躁不安、举止冲动的问题。

在电视机前吃饭，还会使孩子难以消化食物，无法更好地吸收营养。我们吃饭的时候，需要消化液和血液来帮助肠胃消化食物。但是在看电视时，大脑活动也同样需要血液，如果二者同时进行，就会造成血液供应不足。时间长了，各种毛病就会随之而来。

所以，我们身为家长，不要为了省事，让孩子常常围着电视机吃饭，这样不但对孩子的健康有着很大的影响，还会浪费一家人交流的机会。

写给爸爸的话：怎样让孩子吃饭时乖乖远离电视

如果孩子已经养成吃饭时坐在电视机前的习惯，那么父母可以参照这几点，让孩子吃饭时自动自觉地远离电视。

定好规则

提前定好规则，这对于孩子来说是很必要的。提前给孩子定好规则，可以减少不必要的争执。比如，父母在上一周可以和孩子商量一下，下周要看什么节目，看节目要看到几点。一旦到了时间，家长就要和孩子沟通，是时候关电视了。如果孩子拒绝，家长要直接去关掉电视，家长可以选择过后宽慰，但之前说过的话，是一定要算话的，制定好的规则一定要去遵守。

将电视和遥控器"藏"起来

自从电视出现，人类就主张把它放在显眼的位置，以方便更好地娱乐。然而，现在的潮流是将电视"藏"起来，将它放到最不起眼的角落，让它的诱惑降到最低。如果不习惯家里没有电视，不妨放些音乐，让音乐充满家庭的每一个角落。

和孩子一起玩

家长千万不要看到孩子一哭闹就妥协，将电视打开来安慰孩子的情绪。这是对孩子不负责的表现。我们身为家长，应该多陪着孩子一起做游戏、堆积木、玩拼图、去游泳，用这些活动来代替看电视，让孩子明白，除了看电视，还有这么多好玩的东西。等孩子找到了兴趣点，他们便不会留恋电视，会放下遥控器，去寻找更有趣的东西。

不要将电视机放到孩子房间

小孩子总会抵挡不住诱惑，将电视机放到孩子房间，总是会让他们忍不住打开电视。这会严重影响到孩子的正常休息。所以，如果孩子卧室有电视机，将它搬出孩子房间，给孩子营造一个良好的学习、休息氛围。

爸爸最好给孩子制定好固定的吃饭时间和地点，如果刚开始孩子执意要看电视才肯吃，爸爸要坚决关掉电视，这时候也不要强逼孩子吃饭，等他饿了，自己想吃饭了，家长可以告诉他正常的饭点已经过了，下次一定要记得按时吃饭。爸爸不能太心疼孩子，不然不能帮孩子改掉这个习惯。

第六章　爸爸看大人的书，小孩看小孩的书

1. 每个爱读书的孩子背后都有一个"书虫"爸爸

对于一个孩子来说，想要培养他们的读书能力，最好的环境是自己的家庭，而父母是孩子最好的榜样。很难想象，一个家庭里，父母参加了所有的娱乐项目，但从来不愿意拿起书进行阅读，这种家庭的孩子会是什么样的。让孩子爱上阅读的第一步就是家长拿起书来阅读。

爱读书的爸爸更能培养爱读书的孩子

云云从小就爱读书，《明朝那些事儿》《基督山伯爵》《飞鸟集》《红楼梦》这些书都看了很多遍，云云爸爸说，家里书房好几个书柜，摆满了书，云云还获得了全市读书知识竞赛特等奖。云云说，家里人都爱看书，爸爸是个大"书痴"，妈妈也是常常捧着书看，自己在他们的影响下，也养成了喜欢读书的好习惯。

如果一个孩子发现自己的家长很喜欢看书，看到家长每天都沉浸在图书、杂志或者其他阅读材料中，这个孩子也会受到很大的感染。反之，

如果家长每天不读书，孩子们喜欢上读书的可能性也会非常小。

钱锺书和杨绛夫妇酷爱读书，他们的女儿钱瑗从小就养成了爱读书的习惯，看到父母在读书，也会跑去"抢"他们的书。在父母的影响下，钱瑗耳濡目染，也渐渐入道。

一个从小和父母一起读书的孩子，长大后注定是不同寻常的。钱瑗自小就聪慧过人，情商、智商都超于常人，是她所在的研究领域里不可多得的人才。

另外，爱读书的孩子会更加聪明有气质，在以后上学时对提高成绩也有很大的帮助。

写给爸爸的话：父母不爱阅读，怎样为孩子创造好的阅读环境

如果你并不是一个爱阅读的爸爸，那么该如何引导孩子爱上阅读呢？

将阅读的权利交给孩子

爸爸将阅读的权利交给孩子，尽可能给孩子提供自由的阅读环境。爸爸除了对那些真正有害于孩子的书刊进行控制外，其余的书由孩子自己决定，让孩子越自由越好。

不要强制孩子读《红楼梦》等这些家长自以为必要的书，对于这些书，家长可以在孩子长大后有意识地进行引导，但千万不要强迫孩子去看什么读物。强制性的阅读只会让孩子失去读书的兴趣。

将电视机"损坏"

为了给孩子营造一个良好的读书环境，爸爸不妨将电视的某根线拔掉，或取下哪个配件，让电视不能正常播放，爸爸可以对孩子说，电视坏了，然后找理由拖延修电视的时间。这个拖延的时间可以是一个月，可以是一年，在这段时间鼓励孩子多读书，让孩子在无聊中发现阅读的乐趣，等孩子开始喜欢读书了，然后再去修电视。

陪孩子做一个读书清单

做读书清单时，要找到孩子读书的"临界点"，如果孩子设定的目标总是达不到，还不如不设目标。在设置的读书清单上，既要让孩子有所突破，也要记得量力而行。

父母不要在网上照搬一套别人的书单，这样做并没有什么意义，不如陪孩子列出一条适合自己的书单。现在很多图书在封底都会印上"上架建议"，这个可以作为列读书清单的参考。

为孩子准备一个书房

如果有条件，父母可以为孩子准备一个书房，一个安静的书房可以为孩子隔绝很多诱惑。充满图书的书房可以让孩子静下心去阅读。

使孩子养成爱阅读的习惯是非常重要的，在孩子小学甚至初中阶段，没有真正意义上的学习落后，一切都是可以改变的。而使一切发生逆转的，就是阅读。阅读就像一根魔杖，很多时候都能发挥它神奇的作用。

2. 孩子的阅读兴趣，正在这样被你毁掉

兴趣是孩子最好的老师，书是知识的源泉，培养孩子良好的读书兴趣，可以使孩子的知识变得更加渊博，使孩子的精神世界变得更加丰富。

但是现在很多爸爸，他们从来不允许孩子读课本以外的读物，和考试无关的更是严令禁止，他们认为那是"不务正业"，正因为父母这样的想法，极大程度上扼杀了孩子的读书兴趣，使孩子对阅读越来越陌生。

毁掉孩子阅读兴趣的三种行为

对于父母来说，哪些行为一定要避免呢？

第一种，书籍选择不尊重孩子兴趣。

"爸爸，你给我讲《美人鱼》的故事吧。"

"你都6岁了，怎么还看《美人鱼》？你4岁的时候不是已经看过很多遍了吗？"

"那你给我讲讲《白雪公主》的故事。"

"儿子,你已经长大了,我们现在一起来看《十万个为什么》。"

本来兴致勃勃的孩子听到爸爸的回答,一脸沮丧,转身就走。很多父母总是将自己认为有用的书放到孩子面前,不问孩子到底喜欢什么。孩子长时间对家长推荐的书反应冷淡或者表现出不喜欢,爸爸们便会认为自己的孩子不喜欢阅读。

慢慢地,孩子在大人不喜欢阅读的心理暗示下,也就真的不喜欢阅读了。

第二种,勉强让孩子读书。

"爸爸给你讲个故事,这个故事很好听哦。"

孩子不情愿地放下手中的玩具:"唉,好吧。"

孩子们在玩耍的时候,总会遭到父母强制性的"邀请",这个时候,孩子们总是会"身在曹营心在汉",虽然坐到了父母跟前,视线仍在自己刚刚做的游戏上徘徊。这样久而久之,读书和"打断游戏"结合起来,无法让孩子感觉到读书快乐。长此以往,还会让孩子对读书感到厌烦。

第三种,不厌其烦向孩子提问题。

有一些爸爸,总是会向孩子进行提问,在孩子沉迷书中故事的时候,爸爸冷不丁地问一句:"书里面那个著名建筑叫什么啊?""书的主人公为什么流泪啊?"孩子从故事中醒过来,开始绞尽脑汁地回想爸爸的问题。爸爸这样的习惯,已经让孩子在书中寻找快乐的感觉打了折扣,过多的提问造成了孩子的心理负担,让孩子对阅读没了兴趣。

写给爸爸的话:记住保护孩子的阅读兴趣很重要

陈奇对女儿乐乐在阅读什么书上很宽容,乐乐小时候爱看图画书、趣味书,那就去看。在乐乐上了二年级时,陈奇认为她的识字量可以再上一个台阶,就建议乐乐读长篇类型的小说,乐乐的反应是不可思议。她觉得自己只能读儿童读物,那么长的小说怎么可能读完。

陈奇没有说什么,只是去买了一本金庸的《雪山飞狐》,他没刻意要求乐乐去读，只是自己在读书的过程常常称赞这本书好看。然后有意无意地将情节说给乐乐，讲到吸引人的地方就说自己只读到了这里，后面的还没看，直把乐乐搞得心痒不已。

看着乐乐着急，陈奇就说你自己去看吧，看到不懂的地方可以问爸爸。在爸爸的鼓励下，乐乐就试着去读了起来。直到读完这本书，乐乐对自己的阅读能力有了很大的信心。

爸爸要尊重孩子的阅读兴趣，放手让孩子去看，只要不是暴力、恐怖、淫秽等负面内容，家长都可以让孩子去阅读。当然，对于孩子来说，他们的判断力并不成熟，家长可以有意识地进行引导，从孩子的兴趣入手，培养孩子养成正确的读书习惯。

有的爸爸虽然不反对孩子看课外书，但让孩子看的课外书全部与考试有关，一切以考试为中心，这会极大损害孩子对阅读的兴趣，爸爸应该走出"考试"的狭窄圈子，将孩子的阅读看成孩子生活的一部分，让孩子"博览群书"，全面吸收养分。

另外，爸爸也可以经常和老师进行联系，老师在孩子心中有着特殊的地位，经常和老师联系，可以得到老师更多专业的指导，同时通过老师，进一步巩固孩子的读书兴趣。

3. 孩子的"阅读敏感期"，你了解吗

所有的孩子都有一个阅读的敏感期。抓住这个敏感期，可以让孩子养成爱阅读的好习惯，让孩子终身受益。如果错过了这个时期，孩子就很难对阅读提起兴趣。

阅读敏感期有什么表现呢？

菜菜已经四岁半了，爸爸发现菜菜最近特别喜欢看书，总是把以前给他买的课外书拿出来看，甚至幼儿园的课本都拿了出来。小孩子一本

正经地看书，虽然不认识几个字，但读得还是很专注。他每本都翻一下，摆得家里到处都是他的书。

阅读敏感期一般会在孩子 4.5~5.5 岁的时候来临，有些孩子会提前。但只要智力正常的孩子，阅读敏感期一般都不会超过 6 岁。所以，6 岁前被称为儿童阅读的黄金期。

如果爸爸不幸错过了这一次的阅读敏感期，不要着急，在孩子 14 岁以前还有一次弥补的机会，这一段时间被称为儿童阅读的"白银期"。如果错过了这一段时间，孩子的阅读意识就会薄弱很多。

爸爸要注意，如果自家孩子有这些特征，就意味着孩子的阅读敏感期到了。

孩子想象力丰富，不但喜欢听故事，还喜欢编故事

有的爸爸会发现自己 6 岁的孩子经常自言自语地编故事，将自己认识的小朋友、身边的小动物都编到自己的故事里面，虽然有的时候孩子编出来的故事并不连贯，带有太多幼稚的想法，但爸爸不能打击孩子积极性。

爸爸可以鼓励孩子编故事，这样不但可以激发孩子的阅读兴趣，还可以培养孩子的语言表达能力。

无论什么书都喜欢拿过来一本正经地看

在这一段时间，孩子很有可能会对所有的书都感兴趣，不仅是自己手中的书，甚至连父母手中的书都感兴趣，他们会去"抢夺"父母手中的书，然后拿过来一本正经地看，爸爸在这一段时间不要大惊小怪，可以给孩子推荐一些适合孩子的书。

喜欢去图书馆、书店

孩子会喜欢到图书馆，左翻翻右翻翻，开心地看个不停。有时候孩子会坐在图书馆，一看就是一下午。

急于看书上的内容，看不懂的会自行"脑补"

孩子拿到书后，会急切地将书的内容看完，遇到看不懂的生字，看不懂的意思，他们甚至会自行脑补，自己给那些内容附会一个意思，但这一点儿都不会影响到孩子阅读的热情。

写给爸爸的话：不同年龄阶段的孩子应该读哪些书？

适合儿童阅读的书，会更有助于孩子养成阅读的兴趣，那么不同的年龄阶段，应该给孩子选哪些书呢？一般来说，我们可以把它分为四个阶段。

第一阶段：1~2 岁

这个年龄段的孩子处于懵懂时期，拿到什么就喜欢往嘴里塞，喜欢乱扔，所以应选择清洗方便、无毒的书。

这个时期的孩子看书一般更关注颜色、形状，对情节的要求不高。可以选择颜色鲜艳、页面简单的图画书。最好跟日常生活相关，比如交通工具、电器、家具、宠物、玩具等，更利于孩子阅读和接触。父母可以通过陪孩子一边看书上的图片，一边说出事物的名称，为孩子说话打好基础。

第二阶段：2~3 岁

这个年龄段的孩子开始有了一定的理解力，爸爸可以尝试给孩子讲一些简单容易理解的小故事了。尤其是小狗、小猫、小熊之类的绘本很容易激发孩子的兴趣。很多又萌又有教育意义的绘本都值得一看。但注意还是要以大量图片为主，图片能促进孩子的想象力，有助于孩子爱上阅读。

第三阶段：3~6 岁

这个年龄段的孩子已经逐渐有自己的思维了，对事物有着自己的想法，可以接受比较复杂的故事情节。有情节有图案，不仅吸引孩子眼球，还能让孩子持续阅读下去。

第四阶段：6~10 岁

随着孩子年龄的增长，我们要尊重孩子的阅读诉求，尽量给予满足。科学类的书籍、幻想类的童话、历史故事等，都可以推荐给孩子看。

第五阶段：10 岁之后

这已经到了孩子自由流畅的阅读阶段，除非是不健康的书，爸爸已经没有必要限制孩子的阅读类型了。只要孩子喜欢，大可放开手。古人说，开卷有益，什么书都读一读有助孩子建立广泛兴趣，获得更全面的知识。

不管什么年龄阶段，阅读的最大原则是孩子喜欢看不要阻止。但在不同的阶段，爸爸可以扮演推荐的角色，推荐孩子看，而不是强迫孩子一定要读哪个类型的书。

孩子的阅读敏感期是很关键的，爸爸千万不要错过这个阅读敏感期，好好培养孩子的阅读兴趣，这样对孩子一生都有着至关重要的影响。

4. 陪孩子逛商场不如逛书店和图书馆

俗话说，读万卷书行万里路、博览群书、开卷有益。对于孩子来说，书籍是他们进步的阶梯，养成良好的读书习惯，是他们将来走向成功的关键。

然而，现在很多父母，他们挤出时间陪孩子聊天，陪孩子做游戏，陪孩子逛商场，却总是忽视了陪孩子逛书店。

陪孩子逛书店和图书馆，培养孩子对读书的兴趣

优优爸爸每个周末都会带孩子去图书馆看书，刚开始孩子小的时候，总会对图书馆的玩具感兴趣，优优爸爸也不拦着，孩子玩了一小时以后，就开始将视线放在周围的硬纸书上，开始坐下来看花花绿绿的硬纸书。

孩子大一点儿后，那些玩具已不被她放在眼里，一进到图书馆，就自发地拿起书开始看。优优爸爸也经常带她去书店，买她最喜欢的书来读。

父母都知道，如果孩子在家里，总是会调皮捣蛋，一会儿玩这个，一会儿动那个，让父母跟着忙来忙去，这样是不利于孩子成长的。但如果经常带着孩子去书店或者图书馆，情况就不同了，孩子会被那里的读书氛围感染，会被那里有趣的书籍吸引，在不知不觉中喜欢上读书。这样不但避免了让孩子长时间看电视，还能有效让孩子汲取养分。何乐而不为呢？

美国诺贝尔奖物理学奖获得者弗兰克·维尔泽克说，陪自己的孩子去书店，他会去重点观察孩子是被什么吸引住了目光，然后就用自己的阅历，帮助孩子找到自己喜欢的书。

书非借不能读也

因为从图书馆或绘本馆借来的书是必须要还的，在这种压力之下，家长就会腾出空闲，挤出时间，用心用力地给孩子读完它，避免了自己买书后便束之高阁的惰性。因此当我们花钱办了借书卡，对家长和孩子来说都是一种鞭策和督促。另外在借书读的过程中，还会让孩子养成不撕书，不在书上乱写乱画的爱书习惯，以及东西有借有还的诚信意识。

图书馆的藏书都有个筛选的过程，买来的都是经典的、获得大家一致认可的，省去了家长自己购书时选书的时间成本，避免了家长买后孩子不喜欢而后悔的情况。何况，很多原版书、英文书也不是那么容易采购的。通常只有在大的图书馆我们才能看到。借书还会为我们节省家里的空间，不会发生无处存放的问题。

我们每周带孩子去图书馆借一次书，这个行动本身，就会在孩子幼小的心灵里留下深刻的印象，认识到书是生活的一部分。有时候好多事情是需要形式的，形式本身就代表了我们的重视。长此以往孩子就会产生"饥饿感"，盼着周末会有新书看，自然而然地养成读书的习惯。

写给爸爸的话：陪孩子逛书店和图书馆要注意什么

陪孩子逛图书馆或者书店，也不是随随便便带孩子去就行了，爸爸也要懂得一些名堂，让孩子在图书馆更有效率地学习。那么我们要怎么做呢？

利用孩子的问题带孩子进入书店或图书馆

在孩子小的时候,他们总会有很多问题要问自己的父母,孩子的好奇心会让孩子不断提出"为什么",父母可以借此机会对孩子说:"有些问题我也不清楚答案,我们可以到书中一起去找答案。"然后父母就可以带着孩子一起进入书店、图书馆,告诉孩子:"你想知道的答案都在这里,你可以自己从书中寻找。"

提醒孩子进入图书馆要带着问题参观

在我们带孩子去图书馆或者书店以前,要提醒孩子带着问题进行参观,提前了解图书馆每层是做什么的。让孩子将自己的问题写出来,然后带着问题去书中查找答案。或者爸爸可以提前给孩子提出问题,让孩子在参观过程中留意这些问题。

和孩子一起学习书中的知识

爸爸虽然年纪上比孩子大,但也有很多知识并不明白,在和孩子一起逛书店的过程中,可以和孩子一起认真地学习。在读完书后,爸爸还可以就某个问题和孩子展开讨论。爸爸主动求知的过程可以让孩子倍受感染,会促使孩子想要学习更多的知识。从图书馆出来后,爸爸也可以提醒孩子进行后续的学习。

作家肖复兴说:"能够热爱读书并能懂得怎样读书,对于一个孩子是最大的财富。"我们身为家长,自己首先要做一个阅读者,然后才可能做一个引导者。我们要尽量少带孩子逛商场,多逛书店和图书馆,让孩子在书香的浸润中慢慢提高文化品位。

5. 为什么要让孩子看世界名著

对于孩子来说,应该多读书、读好书,特别是从古至今流传下来的一些经典名著。这些名著在孩子的成长中起着不可或缺的作用,它们潜移默化地影响着孩子的人格,对孩子人文精神的培养起着至关重要的作用，同时也有助于孩子形成良好的语言能力。

尽管读名著有着很多显而易见的好处，孩子们却宁愿将时间花费在漫画、小说上，也不愿意将时间花费在经典名著的阅读上，着实让家长感到着急。

孩子们为什么不爱读名著

在学校门口的杂志亭里，很多花花绿绿的杂志放在了显眼的位置，一到下课、放学的时候，很多孩子成群结队一起来到杂志亭，询问店主他们中意的杂志什么时候可以上架。还有很多孩子在交流哪本杂志好看。

男生多爱看漫画、体育类杂志，女生爱看言情、时尚类刊物。

很多孩子表示，读古典名著太累了，与现代生活远远脱轨，那些"之乎者也"的文章，他们看起来就觉得头疼，更别说那些外国名著，光名字就很长一串，根本记不住。

一位中学校长分析说，和那些经典名著相比，这些娱乐性的图书更能给孩子带来视觉上的冲击、心灵上的快感，这些读物充斥了孩子的阅读空间，使孩子放弃了对名著、经典的阅读。而且，现在的孩子都是自发地进行阅读，无论是家长还是老师，引导得并不到位，很多家长、老师都不读名著，更不要说孩子。

一本好书影响孩子的一生

一本好书可以影响孩子的一生，让孩子读经典名著，可以引导孩子进一步走近大师，名著中的很多东西，孩子当时可能看不懂，但随着时间的推移，那些原先不懂的，都会慢慢浮现在孩子脑海里，最终转化为孩子自己的东西。张爱玲十来岁读《红楼梦》，然后在将近10年的研究里，《红楼梦》融进了她的生命。

父母平时可以有意识地给孩子讲讲经典名著里的故事，比如：

《黑骏马》

这本书以第一人称的口吻叙述内容，讲述了黑骏马一生多变、辛酸的经历。在作者笔下，黑骏马很多时候都比人更加聪明、感性，表现了人与动物之间真实亲切的情感，深情而感人。

孩子在阅读之后，应该会产生一种感触，人们不能为了自己的利益去残忍地对待动物，不能忽视动物们的感受，它们也有自己的感性和灵性，总会给我们带来意想不到的快乐和惊喜。

《钢铁是怎样炼成的》

这本书的主人公保尔·柯察金用自己的实际行动告诉我们，人应该怎样活着才更有意义。保尔·柯察金因为不幸变成残疾，但在残疾之后，他不曾灰心，更加努力工作，开始文学创作。但厄运再次降临到他的头上，瘫痪的他双目失明，可是他依旧毅然拿起笔，摸索着进行写作，哪怕一个字，他都要付出比常人更多的努力。在他的努力之下，终于写出了《在艰苦暴风里诞生》的前几章。

这本书一定会给孩子带来极大的震撼，孩子们会明白什么是坚韧、什么是顽强，在自己人生道路上，他们也会变得更加坚强。

《木偶奇遇记》

这本书描述了皮诺曹从任性、懒惰、爱说谎，整天只知道贪玩的小木偶，变成了一个关爱他人、懂礼貌、爱学习的好孩子的过程。他的故事告诉我们，一个孩子的天性在很多方面都是可以修正的。在孩子天性里面会有很多不够优秀的表现，这需要逐渐去克服。

《汤姆·索亚历险记》

这是美国作家马克·吐温的"四大名著"之一，小说主人公聪明爱动、天真活泼，拥有着智慧、勇敢、正义、坚强这些特征，在他探险的过程中，经历了种种冒险，同时也克服了很多困难。

汤姆·索亚是所有人童年中刻画出来的一个小精灵，他在一个充满阳光的世界里，告诉人们，只要积极乐观、勇敢追逐，美梦就可以成真。

《小王子》

这本书是法国作家圣埃克苏佩里最有影响的作品，作者以孩子的眼光，写出成人的空虚、愚昧和教条，写出了人类的孤独寂寞，表现了作者对真善美的讴歌和对金钱关系的批判。

这本书在世界文学史上享有崇高的声誉。它的同名电影也于2015年上映。

《汤姆叔叔的小屋》

这是美国作家斯托夫人的一部反奴隶制的小说，主人公汤姆叔叔对白人主人的顺从，对善恶的明辨，对自由的憧憬，都会引发孩子的感慨。

这是19世纪最畅销的小说，林肯特意接见了斯托夫人，林肯说："你就是那位引发了一场大战的小妇人。"这句话被很多作家争相引用。

孩子在进行经典作品的阅读时，他们会下意识地将自己的行为和思想与作品中的人物形象进行比较，无声无息就提高了孩子的自身素质。孩子们读的好书多了，会让孩子变得更有气质，在以后的生活和为人处世上，会变得更加从容淡定、有条不紊。

写给爸爸的话：如何引导孩子爱上名著

很多名著是作者耗费几十年甚至一生工夫写出来的，孩子们读起来并不是那么容易，爸爸应该怎样做才能引导孩子去读名著呢？

从电视剧或者动画片入手

孩子喜欢看《西游记》的动画片，爸爸可以引导孩子去读原著，在孩子看电视的时候，家长可以有意识地对孩子说："这一段在原文里更精彩。"适当吊起孩子胃口，这样会更加引起孩子的兴趣。

先从短篇开始，引导孩子由短到长阅读

从短的文章到长篇小说，由浅到深，先让孩子产生阅读兴趣，再给孩子推荐长篇小说。爸爸可以帮孩子选择语言精练的小说来读，从而激发孩子的阅读兴趣。也可以先让孩子看一些名著赏析，让孩子看看别人对这些名著的看法，然后让孩子自己去翻阅，在名著中找到自己的看法。

一本好书可以影响孩子的一生，爸爸应该引导孩子多进行经典名著的阅读，让孩子在经典好书中汲取养分，这对孩子的一生都有很大的帮助。

6. 避免照本宣科，念书给孩子听有诀窍

"来，爸爸给你讲个故事。"爸爸拿起一本书，翻开后对孩子说。

"好。"孩子应和着。

紧接着爸爸不紧不慢地讲了起来，没一会儿就讲完了，孩子也没什么收获。

这个场景很多父母都非常熟悉，因为他们也都是这样给孩子讲故事的。父母按照自己的节奏照本宣科地念一遍书，像古时候钦差大臣宣读圣旨一样。这样不仅不利于孩子更好地理解故事，日子久了，孩子的兴趣也会慢慢减弱，因为他对于要听的故事没有期待感。

给孩子讲故事，书需要提前准备

许多爸爸都知道给不识字或识字不多的孩子讲故事，但是他们并不知道如何才能讲好故事，让孩子从中获得更多的知识。其中，讲故事前的准备和预习工作是家长们常常忽视的。

讲的过程中要声情并茂

只有自己讲得津津有味，孩子才能听得津津有味。爸爸在讲故事时一定要起个好头，孩子才会饶有兴致地听下去。我们可以根据故事内容或主人公的特点编个小引语，来吸引孩子的注意力，并保持和孩子的眼神接触以及互动，让他们在不知不觉中集中精神。教育专家表示，为孩子讲故事，重要的是能提供给孩子许多语音素材，为将来的说话、写作储存资本。所以讲故事的言语要尽可能生动，让孩子在潜移默化中受到熏陶。

在讲故事的过程中,让孩子用自己的语言复述故事也是一个重要的环节。这对孩子的言语、记忆、逻辑、想象等方面的能力都有非常好的锻炼。有家长把故事书的内容讲完了,孩子也随之忘得差不多了。学会鼓励孩子回想故事并给予奖励,我们给孩子讲的故事就会扎根在孩子的心里。

当然,我们也不要把给孩子讲故事当成一项枯燥的任务。即使我们在工作上遇到再糟糕的事情,给孩子讲故事时还是要调整好心态,不要带着坏情绪。因为这会给孩子和家长建立一个密切的联系,凡是故事时间都是孩子和家长最开心的时光。

写给爸爸的话:给孩子讲故事有哪些诀窍呢

孩子不爱听你讲故事,那是因为你缺乏讲故事的技巧。讲故事是对一个爸爸综合能力的测试。唱念做打、装疯卖傻这所有的技艺都要玩得纯熟,才能让孩子对看书、听故事这件事上瘾。那么,我们应该如何给孩子讲故事呢?

让孩子自己提出问题

打开一本书时,我们先别急着给孩子照着念,先让孩子从书的题目开始充分发挥他们的想象力,看到书的题目会想到什么。翻开后,以图画为主的绘本,我们可以主动问孩子一些有关图画的问题,从头到尾地问一遍。孩子的好奇心是很重的,他们的想象力也是很丰富的,鼓励他们看图说话既有利于培养孩子的发散式思维,又能锻炼孩子的口头表达能力。

孩子在看到图后也会提出各种各样的问题,无论问题在我们看来多么离谱,也不要打断他们,否则会打击他们的积极性,及时地鼓励他们,对他们提出的问题进行赞美和表扬。

和孩子一起玩角色扮演

如何把同一个故事讲十遍、几十遍还能讲出新意?这需要很多技巧,角色扮演是比较常见的一种。爸爸可以一人分饰几角,念不同人物的台词时，用不同的腔调，还可以分配好角色，把故事演一遍。爸爸和孩子就是演员，家里就是话剧现场。我们可以借助家里的一些物品做道具，还可以发动家里其他人一起参与。

挑孩子感兴趣的点讲

有时候孩子总爱反复听同一个故事，不愿意尝试新的故事，这就需要我们先找出要讲的故事里孩子感兴趣的点。比如你的孩子喜欢动物，那就说，你知道为什么动物都不能穿衣服吗？小刺猬穿毛衣的话会发生什么事呢？孩子的好奇心都非常重，接下来他会非常投入地听你讲《动物绝不应该穿衣服》。

从故事里的某个点出发，和孩子进行讨论

比如给孩子讲美人鱼的故事，我们可以主动问他们，美人鱼是不是鱼呢？真的有美人鱼吗？娃娃鱼是不是鱼呢？鲸鱼是不是鱼呢？然后我们可以和孩子一起上网，或者查书，去寻找答案。关于鱼类，我们就可以和孩子讨论1小时了。讨论方向可以是随机的，也可以是事先设计好的。

当我们把整本书给孩子讲解完后，还可以找出几个简单的字写在小黑板上或者做成字卡让孩子认，并把它贴在家里显眼的地方，孩子一眼就能看到，我们要不断地念给孩子听，或者我们假装忘记念什么了，让孩子教我们怎么念。如此一来，可以提升孩子的认字水平。

7. 功利性阅读，会害了你的孩子

很多爸爸都认为课外阅读就是要读对学习有帮助的书，这种认识其实是片面和错误的。将课外阅读和教学直接联系起来的阅读，是一种比较功利的阅读。功利化阅读面对更多的是现实生活，不是精神生活，对个人修养的提升是非常有限的。

其实，除了课堂知识的学习外，性格的发展、价值观的形成、人格的养成都要从阅读中获得滋养，这种阅读被称为非功利性阅读。然而，这一类阅读并没有被家长和孩子重视，因此家长应立即停止以阅读的名义逼迫自己的孩子做一些功利性的事，尽量让孩子博览群书。

功利性阅读正在败坏孩子的品位

上海市曾针对2~6岁的学前儿童，开设了首个免费经典诵读班。这个经典诵读班的课程包括《论语》《千字文》《三字经》《唐诗新唱》等。然而，3个月后，这个班原先的20名学员仅剩2人，不得不停课。

经典诵读班的中心负责人说："我们在上海早教市场中率先开设这个班级，就是希望能让孩子们从小就把中国古代经典的文化传承下来，让现代孩子不要出现文化断层。但出乎意料的是，我们还没有开始教孩子，家长就拒绝接受这种观念。"

爸爸停止送孩子学经典诵读的原因各异，比较多的人认为孩子的时间有限，相比眼下的英语、编程和钢琴等热门培训，诵读经典相比这些课程不够实用。一位爸爸说："学习这些经典对将来考小学。没有太大帮助，现在入学、考试都需要看英语成绩、数学能力，钢琴考级也可以作为特长加分，没有学校会看你古代文化知识好而录用你。"

爸爸对孩子进行的功利性学习和阅读的教育方式，正在慢慢降低孩子的阅读品位和胃口，甚至可能造成他们对读书的怨恨。长大成人以后，终于有可能摆脱功利阅读的他们，要么干脆远离书籍，要么青睐"快餐读物"。

如果我们只从功利性阅读方面来获取知识，孩子接触的知识面是有限的，遗忘知识的速度也是很快的。因为孩子进行功利性阅读，往往是压力使然，自己没有主动的意思，心里面也不会有多愉悦，这样获得的知识是不牢固的。真正的读书应该让自己感到愉悦，读书入了佳境，内心就会感到满足。

我们提倡孩子的阅读应该是出于对图书的热爱，同时阅读的范围也要广泛些。把读书的范围局限在自己专业上，或者是武侠言情之上，这会造成读书的单一性，不利于孩子长期的发展。父母可以建议孩子广泛涉猎各方面的书籍，使孩子的视野变得开阔起来，增加孩子的知识储备。

非功利性阅读给孩子带来的益处正在慢慢显现

英国小女孩菲斯在7岁时爱上了阅读,一开始菲斯读一些故事书,后来,在爸爸的建议下她开始读一些小说。课余时间,她会去当地的图书馆寻找最新的图书。时间久了,图书馆的工作人员甚至会特意分给菲斯一个地方让她读书。菲斯说她最喜欢一本书中有动物,或者魔法或者充满冒险精神,如果三者兼备,那就更好。菲斯用了7个月的时间阅读了将近400本书,几乎是以平均每天2本的速度进行阅读。

作家克雷西·达克威尔表示,读书的乐趣是孩子今后成功的关键因素之一,并且一个国家需要孩子以读书为乐,兴奋地和朋友谈论,就像菲斯这样。

非功利性阅读对孩子来说是很有好处的,它可能会让孩子在读书的过程中对所看到的东西产生浓厚的兴趣,然后借此走上专业的道路。而且,孩子在兴趣的指引下读书,会专心致志,心无旁骛。

由于没有明确的目的,非功利性阅读也会让孩子身心轻松,毫无负担,在潜移默化中提升孩子的内涵。比如爸爸可以让孩子读一些经典古诗词,经典作品,这些可能暂时对孩子学习没什么大的帮助,但孩子长大了,这些会副进孩子的气质里。

不少成功人士都要求子女从小精读经典,为的就是传承中国文化根底,提高孩子的文化修养。同时,孩子在学习经典时,大人还可以教他们一些为人处世的道理,培养孩子的社交能力,对孩子进行情商教育,这对孩子的将来是大有好处的。

写给爸爸的话:非功利性阅读,需要我们提供给孩子哪些书籍

我们作为父母,首先要改变功利性阅读的观念,在孩子小的时候,就把一些好看又有益的图书带到孩子面前,把家里的书柜装饰得五彩缤纷。这样,孩子在空余的时候才会有兴趣拿起书来进行阅读。这个时候,家长无须和孩子讲什么大道理,孩子也会变得安静下来。那么,我们要提供给孩子哪些书籍呢?

文学、社科类书籍

广泛阅读文学、社科类书籍，可以增长孩子的知识，提高孩子的文化修养，丰富孩子的精神世界，从而增强孩子对社会的认知和对事物的分析判断能力。比如《草房子》《窗边上的小豆豆》《秘密花园》《手斧男孩》等。

历史类书籍

历史是鲜活的，能够写入历史的人物往往也都有着许多宝贵的品质和伟大的功绩。读这些人的故事，能够让孩子生起仰慕之心，从而立志效法。比如在作家章衣萍的《班超》一书中，写到班超小时候就特别崇拜张骞，正是因为班超从小种下了这样的种子，才有后来在西域成就的功业。

哲学类书籍

每个孩子都有必要读一些哲学书，进行一些哲学思考训练。孩子在成长过程中，会面对很多现实的问题，但更多的困惑与不解是来自内心、和人性，父母越早为他们打开一扇了解外部世界和内心世界的窗口，帮他们找到心灵的灯塔，孩子将活得越有目标感，也越灵活自如。比如《我与世界面对面》《妈妈，我为什么存在》《哲学家与儿童对话》。

在博览群书的过程中，孩子可以体验更为丰富的情感，积累更为丰富的知识，这些无疑会为孩子气质平添一份魅力，使孩子在举止言谈中洋溢出一股书香之气。随着孩子阅读范围的不断扩大，他的知识面也会不断扩展，学习上也会越来越自信。

8. 尽信书则不如无书，批判性阅读可以活跃孩子的思维

爸爸和孩子在读书的过程中要进行选择和批判性阅读，从不同的角度辩证地看待问题，同时尽力找出足够的证据作为支撑，明确自己的主体地位。"批判性阅读"是一个寻求真理并吸取精髓的过程，对孩子有着显而易见的帮助。

为什么要进行批判性阅读

乾乾的爸爸以前经常会陪乾乾进行阅读，乾乾读到一个好故事，总是"一气呵成"，常常是故事看完了，自己却不太清楚故事里面到底讲了些什么。后来在乾乾读完书后乾乾的爸爸有意识地对乾乾进行引导，比如在读《丑小鸭》的过程中，爸爸会让乾乾去思考，丑小鸭是男孩还是女孩呢？文章中有没有给出相应提示呢？丑小鸭飞走以后，鸭妈妈是什么样的心情呢？在爸爸的引导下，乾乾养成了爱问问题的好习惯。

批判性阅读有很多显而易见的好处，它不但可以提高孩子的思维能力，同时可以有效地提高孩子的写作能力。如果进行系统性、针对性的批判性阅读训练，就会对作者如何去组织观点、如何利用细节有更好的认知和把握。这样运用到自己写作上来，就会形成一个系统的写作理论体系，孩子们会明白，应该怎样去组织结构，怎样援引例子，怎样将文章写得更加引人入胜，这样从实际角度考虑，批判性阅读对写作是很有帮助的。

另外，批判性阅读可以让孩子们养成"批判"的习惯，面对扑面而来的大量信息，时刻拥有一双火眼金睛，在接收大量的消息时，孩子们可以分辨提出的观点是否合理，对于他们自己是否有用，是不是应该换个角度去考虑。孩子们熟悉了这样的思维方式，将来面对任何事情，都可以用多角度的思维去考虑、解决问题。

批判性阅读是一种可以通过训练进行获取的能力，爸爸可以引导孩子在阅读的过程中改变自己的思维，让孩子在进行批判性阅读的过程中爱上阅读，在阅读中收获自己想要的东西。

写给爸爸的话：批判性阅读要注意哪些问题

一项研究表明：越来越多的孩子开始依赖多媒体信息，并且利用这些信息组织和引导个人的观念和想法。然而，孩子天生分辨信息的能力并不强大，他们更易受到各种信息侵扰，树立错误的人生观、价值观，甚至产生极端的想法。因此，学会批判性阅读对孩子来说至关重要。那么身为家长，我们应该如何引导孩子进行有效的批判性阅读呢？

在深入理解的基础上进行批判

对孩子来说，"批判性阅读"是阅读的高级阶段，这一阶段的前提是深入感知、理解。如果没有深入了解文章的意思，细致地揣摩作者的态度，准确领会作者的情感，就不可能进一步地理解文章，贴近作者，也就无法做到步步深化，做出进一步的正确判断。

所以，爸爸要让孩子在充分了解阅读的内容后，再进一步启发孩子进行批判。

指导孩子进行多角度的批判

在孩子进行阅读时，往往会站在作者、或读者的角度去理解文章，爸爸可以引导孩子换个角度去思考，从文中不同的人物出发，对于不同人物发表自己的观点、看法、意见，这样阅读的视野就更加开阔，孩子们的阅读体验也就更加个性化。

引导孩子避免钻牛角尖

有的孩子在阅读时，一门心思固守自己的观点，无论深入阅读多少次，都认为自己的观点是正确的。遇到这样的情况，爸爸要引导孩子换个角度考虑问题，家长要让孩子知道，批判性阅读主体虽然是批判，但应该是冷静、理智的，不应该带有任何偏见。

对自己提出的观点进行证据搜索

孩子提出了什么样的问题，就让孩子自己对问题进行证据搜索，让他的观点具有理论支撑，而绝非无中生有。这样他会更加有底气地进行下一次批判阅读。

对于权威著作，不偏听偏信、不盲目依从

在孩子阅读的作品中，肯定有很多权威、经典之作，但爸爸要告诉自己的孩子，纵然是经典，它里面也会有不符合时代潮流落后的东西，

面对权威著作，应该善于挑战，查找不足，不要忘记进行批判性阅读。但同时也要注意，批判性阅读也不是笼统地怀疑一切、打倒一切，不是在鸡蛋里面挑骨头，而是应该取其精华、弃其糟粕。

批判性阅读旨在告诉孩子们，任何事物都不是单一的，它都有自己的多面性，不同的个体产生的思考都会受到自己人生经历的影响，孩子们在进行阅读批判的时候，要能够筛选有效的信息，去分析深层意义，阅读才会真正发挥它应有的作用。

第七章 爸爸必知陪孩子学习的正确方式

1. 为什么有些爸爸越不管，孩子成绩就越好

我们可能都发现过这样一个现象，有些父母看似不怎么"关心"孩子的学习，孩子的成绩反而很优秀，越是紧张孩子学习的家长，他们孩子的成绩反倒是越学越不理想。

对孩子的学习管得越多，孩子越容易厌学

今年读小学五年级的安安，每天放学回家都异常忙绿。他写作业时，爸爸在旁边看着并不时地指导："这个题有简便算法，你怎么没写啊？""这个英语单词既可以做名词，也可以做动词，记住了吗？"写完作业后，安安还要做爸爸买给他的练习册，一直到很晚才能睡觉。

到了周末，安安也闲不住。爸爸为他安排了3个课外班：数学、电子琴和舞蹈。数学是安安的"弱项"，爸爸说"不得不补"，妈妈说安安"喜欢"电子琴和舞蹈，报个班好好学，将来"小升初"，没准儿能加分。

也许，有的爸爸会说："我的孩子注意力不集中，没人看着就不做作

业。"的确,并不是所有的孩子都能自觉地写完作业的。此时,我们要给孩子的不是监督,而是陪伴。我们可以在孩子写作业的时候,去读一本书,写一点儿东西,安静地做自己的事。监督和管制只会让孩子失去学习兴趣,使学习成绩越来越差。

不管,反而更容易激发孩子学习的主动性

辅导孩子的功课是很多家长心目中的一件大事,很多父母为了孩子的功课,把自己搞得身心俱疲,叫苦不迭。在豆瓣上,一位爸爸的做法受到了家长们的广泛好评。

这位爸爸从孩子上学开始,就坚决不肯做孩子的拐杖。即使在小学低年级,老师要求家长检查作业、签字时,他也只管签字认可,绝不检查作业。他告诉儿子:"爸爸有自己的事情,而你的任务就是学好功课。作业的目的就是复习所学的知识,有了错误不要紧,那就是发现了自己知识的漏洞呀。只要把不会的、不懂的及时学会就可以了。"

在学习数学之初,孩子有点儿找不着感觉,听老师讲似乎都会,可自己做题老出错。孩子就对爸爸说:"你和我一起去听课吧,人家的爸爸都去陪孩子。"这位爸爸回答:"我可不去。我的数学还不如你呢。要是你听完课愿意给爸爸讲一讲,我倒可以从头学习。"

看到没有依靠,孩子就只能靠自己了。有时看到儿子的习题本上尽是错误,爸爸就鼓励他:"没关系,你的成绩是最真实的。别看有的同学作业全对,可那是家长的功劳。再说,你的作业情况能让老师了解你的学习情况,只要追着老师把不懂的弄会就可以了。"就这样,孩子只能开动脑筋琢磨,自己是哪里不懂,然后向老师求教,很快他就具备了及时发现自己学习问题与及时和老师沟通解决问题的能力。

一位有着丰富教学经验的老师这样分享自己的教子经验:"授人以鱼不如授人以渔。相对于陪孩子读书,帮他解决层出不穷的学习难题,我更倾向于培养他独立解决问题的思维和良好的学习习惯,营造良好的家

庭学习氛围：他写作业，我写文章；他读书，我看书。彼此看似互不干扰却又共同奋发向上。"

"不管"其实是一件比"管"更难做到的事。很多家长因为很害怕孩子输在起跑线上，大脑的弦就整天绷着，精神也高度紧张，把关注点一直落在孩子身上，寻找孩子身上可能导致他"输"的各种弱点和缺点。

写给爸爸的话：放开手，帮助孩子自主学习

数学家华罗庚说过："自学，就是一种独立学习、独立思考的能力。"学习是孩子自己的事，自学能力的培养最能体现孩子的主体作用。自学能力是每个孩子都必须掌握的一种能力，需要爸爸尽早培养。那么，我们应该如何培养孩子的自学能力呢？

给孩子自主学习的自由

爸爸可以引导孩子制订计划，自我安排学习，而不是让孩子每天放学回到家就听从安排，什么时候做作业，什么时候玩，形成一种绝对支配和被支配的气氛，这对孩子学习是不利的。

未来社会所需要的人才首先是独立的人，所以我们要大胆放手，鼓励孩子积极地去决定自己的生活和学习，把跟他学习和生活有关的事情交给他自己来选择，逐渐培养孩子独立自主的意识。

多用启发的方式来指导孩子

爸爸不要直接给孩子问题的答案，或者帮助他完成某一项作业。我们要多鼓励孩子自己进行学习安排，分析自己的学习状况，积极思考，在生活中也可以和孩子经常进行讨论，让孩子去感悟、领会、理解、掌握。

对孩子的进步及时给予表扬

爸爸要对孩子的每一点进步都给予鼓励和表扬，使孩子获得成就感。孩子年龄小，认知能力有限，爸爸不要对孩子提出过高的要求，也不要轻易责怪孩子笨拙，呵斥孩子无能。以免孩子产生挫败感而对学习产生厌倦和畏惧情绪。爸爸及时的肯定和鼓励对培养孩子的自信心非常重要。

相信孩子自己能够学好

每一个孩子都有巨大的潜能。爸爸的引导和启发能够使孩子自觉主动地学习和探索，进行自我潜能的开发。想要真正把孩子强烈的求知欲激发出来，我们就要把学习的主动权还给孩子，首先要相信孩子有能力学好。接收到爸爸的这种心理暗示，孩子会受到鼓舞。

"不管"并不是意味地让孩子放任自由，相反，摒弃一切事无巨细的"管"，有目的、有成效地"管"，才是父母科学的教育方式。

2. 如何让孩子自觉主动地完成作业

孩子放学回家直接从书包里拿出作业本写作业，是很多父母梦寐以求的事。然而事实总是恰恰相反，大多数孩子放学回家就像脱了缰的野马，到处闲逛，看看电视，吃吃水果，玩会儿玩具……反正就是不写作业。那么，爸爸要怎么办呢？

为什么你越催孩子越不想写呢？

"快点儿，先把作业做完！"孩子放学刚进家门，爸爸就命令道。

"爸爸，我想先玩一会儿再做作业。"孩子试着与爸爸协商。

"不行！放学后必须先完成作业，这是咱家的规定。"爸爸斩钉截铁地回绝。

"我就玩一会儿。"孩子做最后的请求。

"不行！每次你都玩得没完没了，作业总是拖到睡觉前也完不成。"爸爸一想起家庭作业的头疼往事，变得耐心全无。

孩子嗅到了爸爸的怒火，不敢说话，只好拖着疲惫的身体把自己关进书房，一屁股坐在书桌前，久久未把书包打开，双手架着脑袋开始幻想:"该死的作业什么时候才不会有?"

"还不做作业?你还要拖到什么时候?我就知道你在发呆!"爸爸切了一盘水果送进来,也借这个机会催促孩子做作业,可谓是一石两鸟。

"你越早完成,就有更多时间玩,想玩什么就玩什么。"看到孩子不愿动笔,爸爸又补充了一句。听到这里,孩子才开始奋笔疾书。正确率他毫不关心,早点完成"该死的"作业才是重点。

在大多数家庭里,都会出现这样一个现象。父母催孩子赶快写作业,而被催的孩子动作总是慢吞吞的,有时甚至对父母的催促置若罔闻,只自顾自地做自己的事。让孩子写作业可谓"耗尽"了父母的心力,可是孩子却越催越不写。

当我们一直催孩子写作业时,孩子的大脑接收到的信息其实是:被命令、被控制。当大脑接收到的信息是"命令"或"控制"的时候,大脑首先输出的信息其实是"拒绝",而不是"行动"。所以说,当我们命令孩子写作业时,他已经在本能地抵抗了。这也就是很多孩子写起作业来特别被动,完全没有主动参与的意识与积极性的原因。

让孩子认识到写作业是自己的事

聪明的爸爸从来不会特意去督促孩子做作业,"到点儿了,该去写作业了。""你今天必须要穿外套。"这样的管教方法是不尊重孩子的典型表现,对孩子指导或干涉太多,孩子的正常生长秩序会被打乱,反而不利于好习惯的形成。

萱萱在上一年级时,像任何一个孩子一样,也会因为贪玩而常常忘写作业。一开始,张恒也时常提醒萱萱要去做作业,但很快萱萱顾着玩就忘记了。于是张恒和妻子商量好,不再管萱萱写作业的事,要培养她自己写作业的责任意识。

有一天,萱萱放学回家先看动画片,饭后玩了会儿玩具,然后又看书,等躺到床上时才想起没有做作业。张恒虽然心里着急,但并没有责骂孩子,而是心平气和地对萱萱说:"你愿意今天写,就晚睡一会儿,要是想明天早上写,爸爸就提前一小时过来叫你;如果早上也不想写,明天就去学校和老师说一下今天的作业忘了写了,这一次就不写了。"

出于对作业的责任意识,和对老师批评的惧怕,萱萱决定立刻写,晚睡一会儿。

在对孩子写作业的事上,父母首先要明确自己和孩子的界限,分清楚写作业是谁的事。判断有一个很简单的依据,就是看这件事的后果由谁承担——谁承担,就是谁的事。显然,写作业是孩子自己的事。可是,家长催来催去,变得比孩子还着急,好像写作业成了家长的事。把本该由孩子负责的事情揽到自己身上,这其实是一种界限不清的表现。很多教育问题都源于界限不清。

一位爸爸在知乎上分享自己的经验时说道:"每次我忍不住想催孩子的时候,就会提醒自己:这些催孩子做的事情,是我的事还是孩子的事?如果是孩子的事,他不着急,我为啥要比他还着急?这么一想,心态就缓和很多,不容易急躁了。"

有的爸爸可能会说,如果不去催促孩子,那他会不会把事情搞得一团糟?可能会,但不会一直如此!谁都讨厌麻烦和问题,因为拖延出了问题,孩子们自己也会反思和纠正,然后根据自己的节奏去调整这些事情。

但如果按照爸爸的节奏匆匆忙忙地做完每件事,孩子总是搞不清楚哪些事情是自己应该做的,为什么要去准时完成,一旦出现问题,他也不会意识到是自己的责任,而是去怨恨爸爸妈妈。

我们要试着将自己的节奏放慢一下,等等孩子,就会发现孩子并不会因为此时的拖延而成长为不负责任又拖拉的人。反之,我们的宽容,会给他更多思考的空间,让他在每次失败的教训中学会安排自己的学习时间。

写给爸爸的话：让孩子养成及时主动地完成作业的习惯

怎样教导孩子按时完成作业是不少家长的难题，有的爸爸采取利诱，有的直接以暴力威胁，这些方法都不如让孩子心甘情愿地写作业来得好。

沟通时，把祈使句换成疑问句

比如我们可以把"吃完饭了，赶紧去写作业"换成"我们现在吃完饭了，接下来该做什么呢？"，将"先去写语文，写完语文再写数学"换成"你想先写什么？"。这样做的目的，是让孩子由被动接受转换成主动思考。

多用正面语言鼓励孩子

很多爸爸为了达到激励孩子写作业的目的，喜欢"正话反说"，这种方式非常不可取，会搅乱孩子的思绪。例如，有些爸爸希望孩子能主动写作业，却偏偏对他说："我就知道你肯定把玩放在第一位，不会先写作业的。"

我们这样做也许是为了让孩子自觉写作业，但孩子不一定懂，甚至会觉得，他贪玩已经得到了我们的默许，或是认为我们对他失去了期望，容易产生"破罐子破摔"的心理。爸爸正确的做法是，尽量用正面语言去表达感情，多鼓励孩子，他们的潜力才有可能被激发。

让孩子自己制定目标和奖惩规则

让孩子自己制定目标的好处是，孩子会具有参与感，当他们完成任务时，会收获成就感。目标的制定可分三种：短期目标，比如认真完成作业、不磨蹭、作业正确率高等等。中期目标，比如期中考试成绩、一个月内做作业的认真度。长期目标，比如学期末的进步、成绩等等。

不管孩子制定什么目标，我们都要充分地尊重并帮助他执行。自己制定奖惩规则不仅有利于孩子培养参与意识，还可以培养孩子的责任感。

允许孩子"磨蹭"一会儿

有的时候，面对困难或者不愿意去做的事情，孩子看上去是在磨蹭，其实是在做一个缓冲，积蓄内心的力量去面对。

有的孩子在写作业的过程中遇到难题时会玩一会儿手头的小玩意儿，

再接着做。在大人眼里,这就是在磨蹭。这时,大人就需要耐心等一等,别急着催,打乱孩子的节奏。如果玩的时间过长,再稍微提醒一下即可。

换位思考一下,我们大人遇到难题的时候,不也会先放一放,刷会儿手机,吃点儿东西,重整旗鼓再来面对吗?小孩子也是一样。

爸爸不要额外给孩子多加任务

如果孩子知道自己做完作业后还有一大堆学习任务等着自己,他就会失去快速完成作业的打算,磨磨蹭蹭地去做作业,想着:"反正我不完成作业,父母的额外作业就不用做了。"这样一来就会破坏学习习惯,成绩就可想而知了。

另外,很多父母都忽视了一点:当孩子长时间在相同的环境下学习,会对周边的环境产生心理依赖。如果他的情绪很不错,环境对他的影响就不会很大,但如果孩子的情绪比较低落,就需要用不同环境所带来的新鲜感,提高他们的学习兴致。

3. 孩子问问题,忍着别直接给答案

"爸爸,这道题我不会,你帮我算算吧?"
"爸爸,这个字我不会写,你能帮我写一遍吗?"
……

有时候,我们觉得孩子的问题过于简单,常常直接就把答案甩给他们。有时候,解题的过程比较烦琐,为了避免越说越糊涂,我们也会图省事直接给答案。但长此以往会发生什么呢?

直接给答案,会让孩子懒得思考

如果孩子做作业时有不会的问题,爸爸总是习惯性地告诉孩子最终答案,就会让孩子产生依赖心理,而不愿意自己动脑,更懒得花力气去找答案。

9岁的默默从上小学开始,学习上一有问题就问爸爸。如果爸爸不告诉他,他就会大哭。爸爸于心不忍,每次都会告诉默默。听到爸爸告诉答案,默默又开心又迅速地就把答案写在了作业本上。可是,爸爸发现默默的考试成绩一次比一次低。默默爸爸为此专门去询问老师。老师对默默爸爸说,有些题很简单,只需动动脑就会,可是默默却从来不去思考。

有的爸爸可能会说:"我眼睁睁地看着他把错误的答案写上去了,不告诉他也不行啊。"但是孩子只有做错了一次,才能清楚怎么做是对的。对孩子来说,重要的是做题的过程,而不是单纯地计算结果。孩子在计算的时候会使大脑运行起来,做错了也没有关系,我们要做的是告诉孩子为什么错,错在哪里。等到孩子下次遇到类似的问题时,他就会根据相应的原理来自己找答案。

孩子总是不肯自己动脑筋去解决问题,通常草草看一眼就说自己不会,不去尝试就放弃。这只会导致孩子的依赖感越来越强,失去独立思考的能力。

你讲了好几遍,孩子还是没听懂

小妍爸爸和他当数学老师的朋友说,如果自己给孩子讲过三遍题孩子还不明白,他就要发火。这位数学老师说,你讲了三遍都没给孩子讲明白,你自己应该检讨检讨,没理由和孩子发火。小妍爸爸听后大吃一惊,果然老师看待问题的角度和普通人真的有很大的不同。

每个孩子在做数学题的时候都可能遇到不会做的"难题",可能他会自己用很长时间去摸索,最后豁然开朗;也可能会求助于身边的家长。可能家长也不会做这道"难题",更有可能在家长眼里这根本不算是难题,但是讲了几遍也无法让孩子明白。

通常这个时候,很多家长会数落孩子,你怎么这么笨呢?理解能力怎么这么差呢?唯独没有检讨一下,为什么自己讲了几遍孩子都没有听懂,自己讲题的思路和表达方式是不是有问题。

写给爸爸的话：怎样给孩子讲解"难题"

在给孩子讲"难题"时，爸爸不要总是以一种强硬的语气，要有耐心、语调要温柔平和。当我们调整好自己的讲题方式，接下来就要注重讲题的内容了。怎么讲，才会让孩子听懂呢？

事先做好准备工作

有的爸爸在给孩子讲题前，事先不做功课，不了解孩子在这道题中的问题具体出现在哪个环节，拿过来题目就讲，几遍下来，孩子依旧是一头雾水，迷迷糊糊。

小柯的爸爸在为小柯报名数学补习班买材料的同时，多买了一份数学习题集，目的是闲暇时间自己看。小柯的爸爸细心地研究每一道题，不但自己要会做，而且做到如果在这道题上小柯有问题，能在最短的时间给小柯讲明白。

虽然这样做，占用了小柯爸爸很长时间，但是因为他事先做了功课，在小柯遇到难题时第一时间就知道了小柯的问题所在，这样不仅避免了在孩子面前有题不会而"跌份儿"，同时也可以和孩子更简单有效地交流。

讲题时要寻找最好的方法

令令爸爸在给令令讲解题目时，常常是运用各种工具，比如画线段。其实，有时候家长费劲脑汁想要用语言表达一样东西时，画上几条线段一下子就解决了。

如果令令爸爸发现令令不会的题目和以前做过的某道题类似，就会引导他："你看这道题和做过的那道'灯塔'的题目是不是很像呢？"令令也许不会立即就看出两道题的相似之处，或者是把"灯塔"那道题目的内容忘记了。令令爸爸就会把以前做过的那道题复述一遍，然后告诉令令："把这道题里面的'房子'换成'灯塔'，把'桌子'换成那道题目里面的'老师'"。令令爸爸的话还没有说完，令令就兴奋地说他会做了。

培养孩子自己解决问题的能力

沐沐的爸爸在给沐沐讲题的过程中，从来不像大多数家长那样，把题目拿过来看一遍，然后拿起笔来在纸上写一写，然后就期望孩子懂了。此时的"懂"，未必是真的懂，很有可能是家长在牵着孩子走，而孩子并没有掌握此类问题的解决方法。

沐沐的爸爸不会"就题论题"地只给沐沐讲这一道题，他会告诉沐沐解决此类问题的方法，鼓励他自己去寻找问题的答案。这样，不仅让沐沐会做这一道题，还教会他解决问题的一种能力。他拥有了这种能力，就可以解决更多的"问题"。

我们都知道考试中出现的题目不可能都是孩子熟悉的，如果没有自己解决问题的能力，考试的时候遇到陌生题目，孩子还能指望爸爸妈妈帮助自己吗？

爸爸只有让孩子体会到自己攻克"难题"后的乐趣，孩子才愿意勇敢地面对难题，而不是一味地躲在爸爸妈妈身后。

4. 放低姿态，主动向孩子请教

经常听家长说："哎呀，现在的题目太难了，小学我都辅导不了了。"于是，给孩子请家教，去外面上课外班，就成了家长们自认为心安的选择。其实，提高孩子的成绩，还有一个省钱而有效的方法，那就是让孩子当你的老师。

农民爸爸的绝招

前段时间，一位农民父亲的教子故事火遍了朋友圈。这位父亲的女儿三年前考上了清华，儿子在今年考上了北大。家长们纷纷问他，把两个孩子送进名校，有什么秘诀吗？这位父亲的回答出人意料："我这人没什么文化，其实也没啥绝招——我只不过是让孩子教我罢了！"

原来，这位父亲小时候家里穷没念过书，自然也就没什么文化，但他又不能由着孩子瞎混，于是就想出一个办法：每天等孩子放学回家，他就让孩子把学校老师讲的内容给自己讲一遍；孩子做作业，他自己也跟着在旁边读读孩子的课本，不懂的地方就问孩子，如果孩子也不懂，就让孩子第二天去问老师。

这样一来，孩子既当学生又当"老师"，学习的劲头也提高了！哪怕是别人的孩子在外面玩得热火朝天，他家的孩子也不为所动，就这样孩子的学习成绩从小学到高中一路攀升，直到考上重点大学……

向孩子请教，成就感让孩子爱上学习

有一位家长的儿子刚上高中时数学不好，遇到问题就轻易放过，不肯钻研。他看了儿子的数学课本，觉得那些内容已超出了自己的知识范围，自己也辅导不了。按一般人的思路，就会给孩子请个家教，或报个课外辅导班，但这位家长考虑了别人的辅导水平及方便性，觉得自己学会了再来辅导儿子更好。

于是他开始啃儿子的数学课本。他的儿子当时的数学水平比他强，他有不懂的地方就问儿子。孩子在讲的过程中也有许多不清楚的地方，他们就一起研究，研究不通的就让孩子去学校问老师或同学，回来再给他讲。当他发现自己的数学水平大有提高时，儿子的数学成绩也进步明显。

做父母的向孩子请教，会让孩子体会到成就感，感觉到自己的价值，进而产生内部动力，主动爱上"学习"。

写给爸爸的话：让孩子当老师，要注意哪些问题

教育专家指出："家长们与其在孩子的考试分数上操心，花钱花力气，单方面逼着孩子学习，不如用些心思，设计和制造一些包含相关知识的事情来让孩子去做，让孩子有机会运用他所学的知识解决一些实际问题。"那我们在给孩子当学生时，要怎么做呢？

赋权给孩子

让孩子当老师可以锻炼孩子在实践中运用知识、学习知识的能力，同时也会让孩子觉得自己"有权"了。这也是为什么这样的游戏能吸引孩子的一个原因。所以在这类活动中我们要让孩子成为主角和主动者，不要让他在活动中感觉自己被动、受大人指使。

不能总用一个借口

我们向孩子提出讲课的方式要自然，不能总用自己小时候没学好这一个借口。比如我们可以从孩子的作业本上找一个错误，然后假装说："这道题好像做对了，老师怎么给打了叉呢？"

在这个过程中，孩子为了搞清楚是自己错了还是老师错了，会认真地和我们一起来分析，重新思考概念。虽然结果证明是他把题做错了，但他至少纠正了父母的"错误"，同时，之前没把握好的知识孩子也基本上能把握了。

不能嘲笑孩子讲课中出现的错误

我们既然做"学生"，就一定要拿出诚意，认认真真听孩子讲课，否则他只是觉得父母用这种方式来考查他，就不会感到自豪，也就不会有兴趣。如果孩子的思维或陈述有错误，我们要委婉地讲出来，或引导他往正确的方向思考。我们千万不要让孩子觉得因为自己讲得不好而丢面子。这个过程中爸爸只要有一点儿教训或嘲弄的意思，孩子就会特别沮丧，失去讲课的自信。

很多爸爸在教育过程中都很难做到和孩子平等地交流，他们说话或做事时，很容易不自觉地拿捏"高高在上"的腔调。于是孩子从学校"受教育"回来，还得继续听从家长的"灌输式教育"，孩子是非常讨厌父母的这种教育的，所以很容易"发展"成叛逆的孩子。我们在教育孩子的过程中，要放下身段，尊重孩子，适时地向孩子请教也是一种非常有效陪孩子学习的办法。

5. 孩子成绩差，爸爸要做的是鼓励

每次考试结束后，孩子的分数以及排名都会牵动父母的神经。孩子成绩考好了，父母心里头乐滋滋的；孩子成绩考差了，父母会为此而着急，轻则指责、批评，重则动手教训。然而，打骂孩子，很容易使孩子产生恐惧和焦虑，形成抵触心理，不再相信父母。此时，最好的办法就是对孩子进行鼓励教育。

鼓励，会让孩子的成绩由差变好

第一次，小学老师对一位爸爸说："这次数学考试，你儿子考了10分。我们怀疑他智力上有障碍，你最好带他到医院查查。"然而爸爸回到家后对儿子说："老师对你很有信心，老师说你并不是一个笨孩子，只要能细心些，一定会赶上你的同桌。"儿子在爸爸的鼓励下，第二天早早地就去上学了。

第二次，初中开家长会时，爸爸直到结束都没有听到老师点他儿子的名字。临走时去问老师，老师告诉他，按他儿子现在的成绩，考重点高中有点儿危险。他走出校门，发现儿子在等他，就告诉儿子："班主任对你非常满意，她说了，只要你努力，很有希望考上重点高中。"

高考结束后，儿子被清华大学录取了。他哭着对爸爸说："爸爸，我知道我不是一个聪明的孩子，是您……"

孩子成绩差的原因，你知道吗

多数父母在得知孩子考得不理想的时候，都很难心平气和地与孩子一起寻找原因，总是忍不住一顿臭骂。孩子的成绩差，一般有以下几个原因。

马虎

每次考试，很多孩子都会因为审题不清、漏写单位、忘记标点符号等小问题被扣分。其实原本这道题孩子会做，但是因为马虎，没有看清楚出题人的问题，导致在考试时屡屡因粗心大意而犯错。

基础不牢

今天老师上课教了这个知识点,孩子没有领会,第二天老师又教了新的知识点,而孩子还停留在昨天的知识点上。这样不会的知识点越来越多,包袱过重,就压垮了孩子,老师再讲新课他就听不进去了,成绩自然会越来越差。

方法不对

有的孩子平时很努力,但成绩很差,父母就要留意是不是孩子的学习方法存在问题。如果孩子只会一味地死记硬背,一味地多做练习题,肯定学不到知识。只有多思考,多问为什么,一题多解,注重变式训练,才能强化孩子的计算能力、分析能力。

孩子的生活学习习惯是否出现问题

孩子在家不主动学习,一直玩手机和电脑,容易受到外界干扰,需要爸妈一直提醒才肯开始学习。这样缺乏自律性,也是影响孩子成绩的一个原因。有的孩子学习效率低,十个单词背一个晚上,解答一道数学题花了一小时,经常在学习的时候注意力不集中。

另外,我们还要注意观察孩子最近的情绪。当孩子和老师、同学以及父母关系不好的时候,就会产生消极情绪,这时孩子会生活在紧张、焦虑、烦恼当中,如果被这种情绪主宰,孩子就没有办法去认真学习。所以我们要帮助孩子,鼓励他并帮助他脱离这种状态。

写给爸爸的话:孩子成绩差,如何帮孩子提高成绩呢

大多数孩子的爸爸妈妈都非常关心孩子的学习,并且也为此付出很多。但是孩子的学习成绩还是上不来,那么父母要如何帮孩子提高学习成绩呢?

鼓励孩子与成绩好的孩子交流

孩子成绩差,我们还可以鼓励孩子与班里成绩好的孩子多交流,做朋友,向这些孩子学习。经常和他们在一起,以他们为榜样,孩子就会模仿他们的学习状态和方法。孩子的学习成绩也会慢慢地提高。

培养一些好的学习习惯

爸爸可以培养孩子一些好的学习习惯。比如，写作业之前先温习，明确写作业是为了巩固所学，而非完成任务，更不是为父母所写；做题时，第一要紧的是仔细审题；遇到不会的可以问，但最好先自己思考……

不要强化孩子的"偏科"现象

很多父母看到孩子的英语成绩，会说："你的英语怎么这么差？没有语言天赋。"父母的做法只会加重孩子英语学习的难度，甚至讨厌学习英语。我们要学会用其他科目的好成绩来调整孩子的情绪。

比如，"你的数学真好，真聪明""如果你能每天多背几个单词，多听一些英文歌曲和看一些简单的英文书籍，你的英语会和数学一样好的"。我们可以找一些和孩子的弱科相关的辅助阅读材料，提升孩子对该科目的兴趣。

陪孩子找到自己的真正兴趣所在

有些孩子，他们的学习成绩差，其实不是因为他们很"笨"，而是因为他们觉得学习"没劲""不好玩"。他们的兴趣与爱好不在这个上面，所以他们学得不好。

比如有的孩子，画画得特别好。他的画可以拿到市级、省级的大奖，可是学习成绩却一直不理想。对这样的孩子，爸爸首先要告诉他，你能够在别的方面取得那么好的成绩，就足以证明你很聪明，能够学得很好。我们要使孩子有足够的自信心去学习。其次，要结合他现有的爱好，培养他对学习的兴趣。

我们还应该多与孩子的老师联系，了解孩子在校的学习情况，并且请老师给出孩子能够应用的学习方法，以便我们参考老师提出的方法，结合孩子的实际水平和实际学习习惯，与孩子一起总结出最适合孩子独特的学习方法。

6. 留点儿课余时间，让孩子自由玩耍

近些年来，舞蹈班、英语班、钢琴班等辅导班"百班争鸣"，更有家长不顾孩子的要求，一个孩子报好几个班，家长累，孩子也累。培养孩子的兴趣固然重要，但留点儿课余时间给孩子，让他们自己做主安排。对他们的成长更有裨益。

你安排满了孩子的时间，也剥夺了他成长的机会

心理学家表示，一个具有健康人格的人是自由的人，而自由主要体现在这个人能够自由、有选择地支配自己的行为。这种自由感不是凭空产生的，其中，很大一部分来自童年时期对自由支配时间的体验。

可是现如今，孩子自己支配的时间非常少。他们的时间被功课以及其他有关学习的活动"安排"得满满的，使他们疲于奔命，失去了选择的机会。更可悲的是，他们几乎成了机器人，在"安排"下失去了自我，以致变得越来越懒散、麻木和消极。一个初二的女孩说："我知道爸爸妈妈很爱我，但爱得我想去死，因为我一点儿自由也没有。"

一篇题为《"日程过满"让孩子承受心理压力》的文章写道："很多家长对孩子的早教认识存在误区，在课外为他们安排了繁多的活动，这种做法不但不利于孩子健康成长，更容易对孩子的心理成熟和发育造成伤害，产生焦虑、抑郁和没有安全感等心理紊乱情绪。……这些孩子因为需要完成父母要求的大量课外活动而疲惫不堪。"

孩子正处在生长发育时期，需要一个宽松、健康、良好的生活、社会环境。现在，他们却处在一种紧张的压力之下，连正常的休息、娱乐都无法拥有，怎么能健康成长？

自由支配时间，意味着儿童具有热情的实现自我、表达自我的机会。剥夺儿童的自由支配时间，实际上是在剥夺儿童成长和发展的机会。科学调查表明：有更多自由支配时间的孩子，自信心更强，并且比自由时

间较少的孩子有更强的成就需要。因此，父母应转变观念，给孩子足够的自由支配时间，帮助孩子有效地利用时间，发现生活的乐趣，展示自己的才华，使孩子能够更健康更自然地成长！

有的爸爸会说，孩子小，自制力差，不会合理安排时间，他们只要有时间，就会做与学习无关的事，白白浪费时间。对于有这些想法的父母，教育专家表示："虽然孩子的自觉性较差，但是完全由家长来帮孩子安排时间，对孩子也不好。因为他们的思想正在逐渐成熟，如果什么都由家长安排，不让他们自己去学着安排、计划，就无法迅速成长起来。"

自由玩耍时间多的孩子更优秀

美国精神病学家斯图尔特·布朗曾经花费42年时间，采访了近6000人，深度了解他们的童年生活。通过数据，斯图尔特·布朗分析得出："如果孩子在儿童阶段不能够自由、无拘无束地玩耍，那么孩子长大后不快乐的概率会大大增加，而且适应陌生环境的能力远远不及自由玩耍的孩子。"而且玩耍时间的减少还会增加孩子们肥胖的可能，这还会使孩子的抑郁情绪加重。

儿童健康发展真正所需的是更多美好的玩耍时光。自由玩耍能够培养孩子的创造力和社会技能。教育界曾进行过一项很经典的研究，研究人员将90名幼儿园的小朋友分成三组：第一组的小朋友自由玩耍4种准备好的玩具；第二组可以在研究人员的带领下，按照说明书操作这些玩具；第三组小朋友则观看视频，视频内容是这些玩具的操作演示。10分钟后，研究人员要求小朋友们说出其中一种物品的使用方法。结果显示，自由玩耍的孩子说出的更多是打破常规的、富有创造性的使用方法。

与同龄孩子一起自由玩耍，还会让孩子获得良好的同伴关系，有助于培养孩子的社交能力。

教育学家佩莱格里尼说："社交能力的提升只有在与伙伴交往的过程中，自己总结改进，而同龄人的互动，他们可以逐渐知道什么是对方可以接受的，什么是无法接受的。当同龄人想继续玩下去，他们就会愿意退让一步来满足对方的要求；当他们对某些共同的活动很感兴趣时，哪怕遇到挫折，他们也不会像遇到数学难题那样轻易放弃——这有助于培养他们坚持不懈的品质和谈判技能。……也许最重要的是，玩耍是一种单纯的快乐，是童年弥足珍贵的一部分。"

写给爸爸的话：学会尊重孩子的玩耍

爸爸应该重新认识孩子的玩耍，不能一味地将玩耍看作学习的敌人，觉得玩耍会让孩子的学习下滑。我们应把玩耍看成对学习的补充，让孩子在自由玩耍中，提出各方面的能力，进而促进孩子学习能力的发展。身为爸爸，我们在尊重孩子玩耍的时候，要注意以下几个问题。

允许孩子选择他自己的玩耍方式

在孩子玩耍的过程中，爸爸不要加以干涉，允许孩子选择他的玩耍方式，给孩子充分的时间研究、探索玩具。即使孩子使用玩具的方法不对，爸爸也不要干涉。除非孩子要求，再去帮他。爸爸的规定只会阻碍孩子的好奇心和创造力。

为孩子准备好固定的存放玩具场所

爸爸要事先为孩子准备好存放玩具的场所，最好是长期固定的一块地方。每当孩子玩耍结束后，要求孩子自己收拾好玩具，并将玩具放回原来的地方。这样做，还可以养成孩子将物品归位的好习惯。

提前提醒孩子还能玩耍多久

当我们打算让孩子结束玩耍，转而让他吃饭、睡觉或外出的时候，要记得设法早些提醒孩子，让他有充足的时间高高兴兴地结束玩耍。这能使孩子感到我们尊重他的玩耍，促使他乐于合作。

玩耍和玩具为儿童打开知识的大门。儿童通过玩耍来探索世界，这是他们身上天然存在的学习驱动力。爸爸要学会鼓励孩子，发展孩子的"玩商"。如果条件允许，父母每天都要花一点儿时间与孩子一起玩会儿。

第八章 那些"失陪"孩子心里的伤和痛

1. 爸爸妈妈离婚了,我成了没人要的孩子

近些年,我国离婚人数持续增长。据民政部统计,从 2003 年开始,我国离婚人数已经连续 14 年增长,2003 年离婚人数是 133.1 万对,到了 2016 年,已经增加到了 485 万对。其中"80 后"已成为现在的离婚主力人群。很多人拿婚姻当儿戏,可是,离婚后孩子的教育问题却不得不引起我们的重视。

父母离婚,孩子成了累赘

在微信公众号上,曾经有这样一篇文章《爸妈是很搞笑的人,包括离婚也是》。当时作者正在上初三,虽课业繁多,但生活平稳安定。打破这安静生活的是姥姥和奶奶几乎一前一后住进了医院,家里仅有的一小笔存款也只够给一个人动手术。

把钱先给谁用呢?爸爸妈妈开始了无休止的争吵。最终他们想到了"离婚"。因为离婚后分了钱就可以救双方亲属。而离婚后孩子怎么办?

作者写道，当时"三舅家的小表弟悄悄问我，姐，你知道什么是'拖油瓶'吗？我听姑姑和我爸妈说什么'拖油瓶'……"

四婶也给打来电话，嘘寒问暖，末了吞吞吐吐地说世上还是妈妈好，要是跟着爸爸将来就有了继母……咳，女孩还是跟着妈好，当妈的心都细，样样照应得好。

作者在撕心裂肺之余终于明白了，原来她成了一个多余的人，一个"拖油瓶"，一个父母避之不及的累赘。于母亲而言，她会影响她再嫁；于父亲而言，她不是儿子不能继承香火。

父母离婚，无辜的孩子就成了牺牲品。我们会看到，在一些离异的家庭中，有的孩子虽然才五六岁，可眼神中却没有这个年纪的单纯和快乐，反而充满了怀疑与谨慎，当孩子隐约知道爸爸妈妈不要自己，在今后成长过程中免不了出现一些心理上的障碍。

父母不幸的婚姻是孩子心中永远的痛

著名的青少年教育专家孙云晓在他的著作《拿什么来爱你，我的孩子》一书中指出，父母离婚大战会给孩子的心灵带来创伤，父母的争吵会使孩子长期处于焦虑状态，从而埋葬了孩子的快乐，使孩子的心理问题重重。原本聪明伶俐的孩子可能成绩一落千丈，原本活泼开朗的孩子可能变得郁郁寡欢。

很多孩子会把父母离异的原因归罪到自己头上，产生"我是'扫把星'，我导致爸爸妈妈不快乐""我是没人要的孩子，谁都不喜欢我""我的命不好，我不可能拥有快乐"等消极悲观想法，如果再加上其他方面受挫，很容易导致自卑性格。

父母离异后，孩子可能会担心自己受到同学歧视，他们对人际关系感到紧张。当同学说笑时，他们会忍不住想："他们在讥笑我没有爸妈。"他们觉得父母离婚不光彩，进而在同学中抬不起头来，很难和人自如地来往，进而可能形成独来独往、不合群的孤僻性格。

还有些父母离婚后，为了孩子没有再婚，把所有的希望都寄托在孩子身上。他们为了争一口气，显示自己一个人也能把孩子教养好，从而对孩子提出过高要求，要求孩子事事做到完美。这会给孩子造成非常大的心理压力。孩子害怕自己使父母失望，因此变得胆小怕事，性格怯懦。

有一些孩子对父母的离婚行为很不理解，他们觉得父母又无情又自私。加之离婚前父母经常吵架，孩子丝毫感受不到家庭的温暖，会产生悲戚、冷酷粗暴的性格倾向。他们会认为自私无情才是正道，暴力才是解决问题的武器。这也是离婚家庭多出现"问题学生"的原因。

心理学家对一群从小父母就离异的高中生进行调查，结果发现，当问及他们的父母时，他们一般都是闪烁其词，不愿多谈父母和家庭。这种现象表明：父母离异给孩子造成的伤害，在很长时间内都难以平息和恢复，会一直影响他们的心理健康，成为心中永久的伤疤。

写给爸爸的话：怎样减少离婚给孩子带来的伤害

孩子是看着父母的背影长大的，对孩子成长而言夫妻关系是一本最形象、最直接的做人教科书，稳定和睦的家庭是孩子身心健康的保障。所以父母不要在孩子面前争吵或冷战，保持和谐的关系，给孩子营造一个良好的心理成长环境，让孩子学会如何与别人融洽地相处。

即使父母双方离婚，与孩子的关系永远不能变，父母双方应该共同努力，教育好孩子，减少离婚给孩子带来的伤害，那具体应该怎么做呢？

离婚了就不要再互相指责对方

并不是所有父母离婚的孩子都会成为"问题孩子"，这取决于父母能否把关心孩子、尊重孩子放在重要位置。如果父母离婚的过程中互相辱骂，为争取财产和孩子抚养权对簿公堂，孩子会遭受很大的心理创伤，相对缓和，对孩子造成的心灵创伤就相对较小。而且离婚后的父母应该定期、及时地与孩子进行沟通和相处，弥补孩子对父母关爱的需要。

不要因为补偿心理而纵容孩子

"我的孩子没有妈妈,挺可怜的",很多家长抱着这种补偿心理而无原则地满足孩子的要求,这不是爱孩子,而是纵容。离异家庭的家长越应该要求孩子遵守"适度"原则,要明确孩子该做什么,不该做什么;对孩子合理的要求,家长可以满足他,如果不合理,就要坚决拒绝,这样才有利于孩子健康成长。

孩子需要时可聘请代理妈妈

孩子成长过程中,需要包括父亲、母亲在内的两性教育,当双亲家庭变为单亲家庭后,如果某一方不能履行父母职责,为了弥补双性教育的不足,可以考虑增加一个"代理爸妈"。"代理爸妈"可以是亲属、老师或者是较为熟知的朋友。当然,为孩子增加"代理爸妈"要尊重孩子的意见。

离婚对孩子来说,无疑是一种伤害,但这不是绝对的,孩子过得幸不幸福,关键在于父母如何去处理他们与孩子之间的关系。处理不妥,即便家庭完整,孩子也会受伤;处理恰当,即便家庭不完整,孩子也可能比原来更幸福。父母的爱才是孩子内心真正的家,不管夫妻关系怎样,身为父母,做好孩子的守护者,给孩子一个完整的心灵家园,是父母双方义不容辞的责任。

2. 被爷爷奶奶带大,她说"我永远觉得自己是孤儿"

如今,一大部分孩子是爷爷奶奶带,少部分是妈妈亲自带,还有一部分是保姆带。爷爷奶奶带着的有一部分是跟爸爸妈妈住在一起的,在爸爸妈妈下班后,孩子可以跟爸爸妈妈团聚;还有一部分是跟爸爸妈妈分开,也就是我们平常说的"留守儿童"。在不同成长环境中长大的孩子,其心理、智力和性格不同。

隔代教养，让孩子倍感孤单

刘伟一岁半时被送回老家由奶奶来养。当时交通还不是很方便，父母工作也比较忙，再加上弟弟妹妹相继出生，刘伟直到4岁才再次见到父母。

父母在他眼里完全是陌生人，别人让他喊爸爸妈妈，他很想喊，可是喊不出来，为此他遭到了很多人的批评。后来，父母准备把他接到身边。当他知道这件事时，内心的恐惧大过兴奋。为了见到父母能叫出"爸爸""妈妈"，6岁的刘伟，居然独自藏到没人的地方练习"爸爸""妈妈"的发音，尤其是"妈妈"这个词。

即使刘伟后来克服了心理障碍，学会了喊爸爸妈妈，但和父母的隔阂一生都不会消除。

隔代教养存在许多弊端

我们经常会看到这样的场景：在暑期学校夏令营活动中，不少学生的爷爷、奶奶成了活动的主角。为了防止孩子在阳光下暴晒，祖父母们义不容辞地承担起了为孩子遮阳打伞的工作。而相比之下，那些由父母陪同的孩子，就会显得特别独立。他们的父母一般都会有意远离孩子，给孩子的空间料理一切。

科学家将从小在托儿所、幼儿园长大的孩子和那些由祖父母或外祖父母带大的孩子进行心理比较，发现他们有着很大的不同。那些在幼儿园长大的孩子群体意识强，适应能力强，社交圈子广，许多事都能自己动手做；而且他们胆大坚强，可以自己过马路，就算不小心摔倒或碰伤也不会沮丧和哭泣。

而由祖父母或外祖父母带大的孩子，有一些已经上二三年级了，还要老人接送上下学，事事依赖别人，遇到困难和问题时就哭闹，缺乏应变能力和沟通能力。这就是祖父母过度溺爱的后果。

溺爱是祖辈教育孩子的主要问题。老人往往对孙辈过分疼爱，常常对孩子百依百顺。所以由老人带大的孩子一般都较为娇惯。这样的孩子往往任性霸道，还有的老人容易对孩子的缺点"护短"。生活在这样的教育环境中，孩子容易形成两面人格，阻碍独立意识的形成和独立行为的发展。

但是我们也不能全盘否定隔代教育。与忙碌的父母相比，老人拥有充裕的时间照顾孩子。特别是有些年轻的父母们正处于为事业拼搏的阶段，职场竞争激烈，有时难免会将工作中的紧张情绪和矛盾带回家中，妨碍孩子的健康成长。

已经脱离工作环境的祖父母们，承担的生活压力，心态情绪比较平和。同时，老年人往往童心未泯，更喜欢和孩子一起玩耍，更容易和孩子建立融洽的关系，创造轻松的家庭环境。

此外，祖父母们普遍具有抚养孩子的实践经验，对幼儿成长的不同阶段和常见问题都有一定预知。尤其是在孩子生病或发生意外时，老人往往更有经验，可以及时采取正确的方法减少危险发生。

写给爸爸的话：隔代教育，我们要注意哪些问题

心理学家表示，隔代教育作为一种客观存在的家庭教育方式，对孩子的个性发展有着重要影响。所以，爸爸们应该清楚地认识到隔代教育的利与弊，在发挥其教育优势的同时，认真克服种种负面影响，使我们的孩子快乐、健康地成长。那么对于不能亲自照看孩子的父母，在请孩子的祖父母帮忙时，需要注意以下几个问题。

和老人互相尊重

如果我们在教育孩子的过程中做错了，就要主动承认错误，和自己的父母认错没有什么不好意思的。如果是老人做错了，我们应在尊重老人的前提下，跟老人讲道理，说明我们这样教育孩子的理由，让老人们知道我们不是目无尊长，也不是不相信他们。我们要耐心地说明原因，主动获得老人的理解，使他们明白我们只是就事论事，而非质疑他们的教育能力。

与老人一起学习

如果老人有一定文化知识，我们可以适当地购买一些有关家庭教育方面的杂志或书籍让他们阅读。这样，在遇到分歧时可以共同查阅一下书籍，从而避免矛盾的产生。同时，我们还可以带着老人多去体验、多去了解，现在孩子的心理和年龄特点，了解现代教育方式方法，比如带老人参加一些亲子教育的讲座。

和老人统一言行

当遇到具体问题时，最好和老人事先商量好，统一口径，采取一致的行为。如果让孩子得知成人之间的不同态度，会使孩子学会钻空子，这样不仅不利于孩子的健康成长，还会使孩子逐渐养成察言观色的"两面派"习惯，影响教育效果。如果我们和老人有什么不同的意见，也不要当着孩子的面进行争辩，可以事后交换意见。

教育专家表示，从长远的方面考虑，隔代教育弊大于利。建议父母尽量自己带孩子，老人已含辛茹苦将我们养大，操劳了一辈子的他们应好好享受一下悠闲自在的晚年生活，我们就不要再给他们增加负担。作为父母，我们要承担起自己照顾孩子的责任，陪孩子慢慢长大。

3. 孩子生理知识的空白与无助

在大部分的农村学校，几乎没有正规、系统的青春期生理保健知识教育，家长对两性知识羞于启齿，加上几乎长期与父母处于分离生活的状态，大部分留守女孩在生理变化时期会特别敏感自卑、渴望有人陪伴。

生理期的无助与困惑

小茜的爸爸妈妈常年在外地打工。她和爷爷奶奶生活在农村老家。回忆起第一次来例假的情形，小茜仍心有余悸："我安静地躺在床上，盯着天花板，眼泪却唰唰地流出来了。我当时想，我可能快死了吧。"当时的小茜正读初一,对于生理期的变化完全不懂,身边又没有人可以问,她以为自己流那么多血,肯定得了什么大病。

后来小茜暑假去看父母。一天妈妈洗衣服时,发现小茜的裤子上有血迹,她才询问小茜,并告诉她已经变成大人了,还告诉她冰冷的食物不能吃。小茜当时"哇"一声就哭了,妈妈却笑了,还把这个当笑话告诉她的爸爸。小茜为此感到既羞愧又难受。

留守女孩们第一次来例假的经历各不相同,但关于这段经历的感受却很相似。"害怕""紧张""委屈""不敢说""是不是快死了"这些字眼成了她们成长中最深刻的记忆。

避免悲剧发生,性教育越早越好

据《中国留守儿童心灵状况白皮书(2015)》中的数据显示,我国6100万留守儿童中有近3000万留守女童常年缺乏父母陪伴。薄弱的自我防护意识和生理安全意识,为留守女童的成长带来极大的安全及健康隐患,也成了近些年留守女童恶性案件频发的直接原因。

2014年广西13岁留守女童遭18个中老年人性侵;2015年杭州11岁留守女孩被强奸致怀孕;2016年湖南一小学教师3年内性侵班里大多数女生,都为留守儿童。留守儿童的父母长期在外打工,而她们对孩子的监管和保护不足。实际照料人往往都是年老体弱的爷爷奶奶,使她们更容易遭受暴力侵袭。

同时,老人受观念影响,难以给她们提供正确的性教育,更别提教给她们正确的自我保护方法。虽然外在的成长环境不可选择,但如果农村未成年人能够接受一定性教育的话,或许能为他们构筑一道防性侵的墙。

但遗憾的是,社会学家在考察了农村中小学性教育后,直言"一片空白"。很多学校的性教育课、生理卫生课,或被主科所"侵占",或压根儿就不开。

因此,父母对孩子的性教育就尤为重要。但很多父母却对性避而不谈，他们从未告诉过孩子，哪些部位别人绝对不能碰，也从没和孩子聊过来例假的问题，甚至一看到电视里接吻的画面就立即换台，直到孩子都上大学了，父母怕女儿怀孕，只好扔下一句很抽象的话，"你要自爱"，其他的一律不交代……

心理学家认为，正是因为父母忽视性教育，才加剧了孩子遭遇性侵的风险，还甚至是帮罪犯做掩护。因为罪犯也知道，家长对性讳莫如深，孩子即使遭遇了什么，也不敢跟父母讲，这事就可以永远瞒下去。

我们到底什么时候才能坦荡地跟孩子谈性呢？性教育不是羞耻和邪恶，性教育是教孩子如何认识生命、如何认识身体、如何保护自己。不要因为孩子小而不好意思，网络上广泛流传着这样一句话："你嫌性教育太早，强奸犯不会嫌你孩子太小。"

写给爸爸的话：如何对青春期的孩子进行性教育

无论是留守儿童的父母，还是孩子在身边的父母，一定要认识到孩子缺乏性教育的严峻性。让孩子"野蛮生长"只会给孩子带来更大的伤害。那么我们应该如何对青春期的孩子进行性教育呢？

以拉家常的方式展开

家庭性教育最好是通过与孩子拉家常的方式展开。在日常生活中，父母可借助某件事打开话匣子。用某本教科书来解决问题，效果不会理想。

有的放矢，主动引出话题

如果你的孩子还没有问有关性方面的问题，那么你可以找一个恰当的时机引出相关话题。例如，"你注意到艾比妈妈的肚子越来越大了吗？她快要生孩子了。你知道这个孩子是怎么到她的肚子里的吗？"

谈与性关联的情感责任

孩子不仅需要从生理的角度了解性，也需要了解性关系与照顾、关心和责任紧密相连。通过我们和孩子讨论性关系所包含的情感成分，可以帮助他在未来的生活中更好地做出决定并承受来自同伴的压力。我们也要告诉孩子性关系中包含的责任和后果。

爸爸要多关心女儿

女孩进入青春期后,父亲的行为尤其要注意。父亲的关心和爱护能给女儿宽慰,否则女儿有可能倾心于其他异性。

我们要告诉孩子,如果有人对你动手动脚,你一定要告诉爸爸妈妈,爸爸妈妈会永远在你身边支持你、保护你。如果孩子被侵害,我们也不要姑息养奸,不要软弱沉默,第一时间报警,将罪犯绳之以法,并保护好孩子不被二次伤害,同时带孩子去做心理救助。

4. 寄养,孩子一生的痛

如今,越来越多的家庭迫于经济压力、工作原因、健康状况,选择把孩子寄养在姥姥姥爷或者是爷爷奶奶,甚至是亲戚朋友家。但这样做会给孩子的内心造成巨大的伤害。一位曾被寄养在姥姥家的作家对将要寄养孩子的父母说:"拜托!请不要这样做。"

被寄养在姑姑家的孩子

29岁的小美说,她小时候跟着姑姑长大,小时候的回忆是她一生的痛,一想起来就想哭。姑姑脾气不太好,又喜欢打牌。有一次,班里有同学欺负她,她去跟姑姑讲,姑姑正好打牌输了,狠狠打了小美一个耳光说:"不要烦我,你这个倒霉精!"

小美穿的衣服也是最旧的,经常好几天不换,老师和同学都讨厌她。所以后来同学们骂她打她,她都不敢还手,只能偷偷地哭。

后来小美上大学,宿舍里只要听到有人说自己的父母好,给自己寄了什么东西,她就会偷偷把那个人的东西吃掉或剪坏。这个毛病很多年都改不掉,小美至今没有谈男朋友,她觉得婚姻太可怕,她说即使以后结了婚也绝对不会生孩子。

寄养在别人家的孩子会出现许多心理问题

有些爸爸总觉得将孩子寄养在爷爷奶奶家或者姥姥姥爷家，他们比自己还疼孩子。殊不知，寄养在别人家的孩子，养成着面具生活的习惯。那种滋味就如同林黛玉入了贾府，有一种寄人篱下的感觉。

因为寄人篱下，孩子很容易失去安全感。他会经常担心自己做错事而遭到别人的责备，所以在寄养环境下成长，他要时刻提防自己不要做错事，不敢轻易多说一句话，要时时保持紧张，焦虑的情绪会一直伴随着他。一旦受到委屈和挫折，也只会自己默默地承受，无人诉说、无人依靠。

寄养在别人家的孩子性格上可能有些自卑。看到寄养家庭里的孩子向父母的撒娇，亲密互动，会让他觉得父母肯定是不爱自己，才把自己放到别人家。与寄养家庭的孩子相比，他会陷入自卑中，时间久了，心中会对父母产生恨意。寄养还会让孩子产生一种自暴自弃的心理，父母都不要自己，那自己就更不在乎自己了。

据美国的一项研究表明，缺少亲生父母关怀的被寄养的孩子比享受正常家庭生活的孩子更具犯罪倾向。数据显示，44%被寄养的孩子至少有过一次被捕的经历。另外，在被寄养的未成年少女中，约有56%的人曾经怀孕。专家称，寄养儿童由于长期亲子教育的缺失更容易出现网络成瘾、学业不良和人际交往困难等问题。

写给爸爸的话：把寄养的孩子接回家后要注意的问题

有人问，什么时候寄养孩子危害低呢？回答当然是"什么时间都不合适，或者至少童年期不要这么做"。事实上，只有当孩子不再是"孩子"时危害才会小一点儿，比如青春期。但青春期实际上也是少男少女们发展的特殊阶段，此时他们的人格在性成熟的压力下必须获得适度的调整。

另外，青春期人格的基本结构已获得了发展，外在因素的驱动，影响不大。所以，可以说绝不该把儿童从父母身边带走，或者至少在学龄前，孩子应该和父母一起生活。已经把幼小的孩子寄养在别人家的父母，别再错下去，赶紧把孩子接回来，给孩子家的温暖。把孩子接回家后，父母还需要注意以下几个问题。

委婉地给出建议

要尽量使用下面这个句式跟孩子沟通："你做得不错，你很棒啊！不过我还有其他的方法，你想不想试试？"前半句的肯定，可以消除孩子的敌意和戒心。这样，我们想给孩子的建议和引导，也才能顺利进入孩子的内心。

接纳孩子伤人的话语

当我们下定决心把孩子接回家时，孩子并不一定开心，甚至还会说出一些伤人的话，比如不要父母，或者要到抚养人身边。我们要接纳孩子的不安情绪，可以帮助孩子与此前的抚养人保持稳定的联络。因为孩子的拒绝一定是暂时的，当时会觉得父母有些陌生，但心里最想要的还是和父母在一起。

不急于批评孩子

我们在与孩子重聚后的半年到一年，或者更长时间，都不要批评孩子。一定要克制住自己对孩子身上某些行为习惯的不满。要知道，每一次纠正不能让孩子真正意识到问题，只会让孩子感觉很糟糕，进一步缺乏安全感。

对于曾被寄养的孩子，我们想要与他们建立良好的亲子关系，面对的问题还有很多。但只要有爱，没有什么问题是解决不了的。最怕的是父母内心永远意识不到把孩子放在身边，陪伴孩子有多重要。

5. 曾经的留守儿童长大后是个什么状态

一个匿名网友曾在知乎网上发起一个提问："曾经的留守儿童长大后是个什么状态？"帖子一经发表快速发酵，近400人分享了自己的故事，他们说现在的自己敏感、自卑、缺乏安全感……

留守儿童心里的痛，有谁知

2017年春，黄骥导演的第二部剧情片《笨鸟》获得柏林国际电影节"新生代"竞赛单元"评委会特别奖"。早在2012年，黄骥的首部剧情片《鸡蛋和石头》就获得了荷兰鹿特丹国际电影节"金老虎奖"、多伦多亚洲国际电影节"最佳处女作奖"等多个奖项。

这两部电影讲的都是彷徨又迷茫的留守少女，在孤独中撕裂成长的故事。而作为导演的黄骥说起自己的留守童年也是一段孤独而无助的日子。"每天晚上都哭，哭着哭着就睡着了，"由此她的心中也滋生了一种怨恨。

等到寒暑假，黄骥有机会去看爸妈，却经常和他们吵架。"有一次爸爸打我，我就咬了他大腿。"黄骥说，她以这种方式发泄自己的不满，但是并没有引起父母更多的关心。

回忆起自己的整个青春，黄骥都感到压抑、自卑。她觉得自己就像一只笨鸟，"长得不好看，脾气性格又不好，还不懂跟人交往。"黄骥说："在我最需要父母的时候，他们没有陪在我身边，一直都忙于去工作、去赚钱。"大学毕业后很长时间，黄骥对爸妈的怨恨都无法释怀，直到拍完《鸡蛋和石头》，她的女儿出生后，这种很才开始慢慢化解。

没有父母爱的陪伴，留守儿童内心封闭，情感冷漠

北京上学路上公益促进中心发布了2017年度《中国留守儿童心灵状况白皮书》。白皮书显示，9.3%的农村留守儿童称父亲或母亲去世对自己"几乎没有影响"，这种心理状态更需要得到社会关注。

在一些留守儿童的描述中，他们表现出既自卑，又极其自尊的不良性格。在知乎上，他们写道："受不了任何人瞧不起我，不管是真瞧不起我，还是我认为瞧不起我……不让任何人介入我的生活决定，除了自己，所有人都靠不住。"

对环境的不信任，让一些留守儿童沉沦，同时也刺激了一些人奋发向上。曾是留守儿童的小琪说，自己从小就被送到寄宿学校独立生活，高考结束后，爸妈对她没有抱任何期望，也不问她的成绩如何。但高考成绩出来后，她却超过了所有亲戚朋友的孩子。然后，她又拒绝了任何庆祝，独自去了大学。

心理专家表示，在留守儿童中不乏后来打拼出来的成功者，因为他们知道无人可依靠，更早懂得自立自强。但是这种刻苦努力下面，也埋藏着过度敏感偏激的心理隐患。情感障碍就是留守儿童成年后最常见的心理疾病。

有人说，自己从不敢奢望爱情，像顾城的诗"为了避免结束，你避免了一切开始"。也有人说，短暂交往过几个男友都是自己提出分手，因为想要避免被抛弃，就得先去抛弃别人。还有人说，我虽然开跑车、住豪宅，但因为性格问题，一直没女朋友。因为太需要别人的肯定了，不管友情还是爱情都会因为用力过猛最后以失败而告终。

心理学家分析，很多留守儿童长大成人后在男女关系上，要么高贵冷艳，要么就是混乱。这是源于安全感的极度缺失，他们的一种自我保护。

写给爸爸的话：如果不得不将孩子留下，怎么办

2017年的春节刚过，40岁的卜大哥就要准备回上海上班，他7岁多的儿子亮亮吵着要跟爸爸去上海，姥姥姥爷在一旁拉都拉不住，亮亮一直试图上前拉住爸爸的手，嘴里一直说着："爸爸，我不让你走，你别走……"卜大哥说，春节回来这几天亮亮一直拉着他一起玩耍，连睡觉都要他抱着睡。

卜大哥离异，家里还有一个女儿在读高中，他必须要出去挣钱供两个孩子读书。如果带亮亮去上海，一个人真的无法照顾他。看着哭得撕心裂肺的亮亮，卜大哥不禁眼角泛红。他哄了一会儿，还是狠心离开了。

很多父母由于家里的经济条件有限，不得不离开孩子外出打工，和孩子分居两地。对于0~3岁的孩子来说，父母必须陪在孩子身边。孩子的年龄越小，对父母稳定地存在于身边的需要越强烈。因为越小的孩子越依赖于父母照顾，而照顾者的离开，会使他们觉得生活受到威胁。

如果分离是不可避免的，父母能做些什么去帮助留守的孩子呢？

确立一个稳定的抚养者

稳定的抚养者对孩子来说不可或缺。在孩子心里，谁都不能代替父母，一个稳定的抚养者可以为孩子去除不安全心理。

与孩子建立规律的联系

如果条件允许，我们可以频繁地与孩子通电话、视频；如果条件不允许，也要固定每隔一段时间让孩子与父母建立联系，可以直接和孩子通电话，也可以由孩子身边的抚养者向孩子转述父母的近况、问候等。固定的节律很重要，这让孩子可以体验到陪伴的秩序感与稳定感。

联系不是简单的问候

我们和孩子联系时，不要简单地问问"最近长高了没？""学习怎么样？""在班里排第几？"亲子之间的联系，应该是深度的、走入孩子内心的。我们可以聊聊孩子感兴趣的事，又交了几个好朋友，再给他讲讲我们工作中的趣事，以朋友的方式和他沟通。

节假日多回家或接孩子与自己团聚

如果条件允许，在一些大型的节日，如春节，父母最好能回家和孩子团聚。孩子的寒暑假、国庆节等节假日，父母也可以接孩子到身边团聚。

孩子是这个世界的小天使，每一个爸爸都有抚育他们的责任，除了在生活上的照顾外，有时候，心理上的育儿更加重要，这关系到孩子日后心理素质的养成。尽自己最大的努力把孩子带在身边，陪伴孩子成长，这是我们能给他们的一生中最好的礼物。

第九章　爸爸如何应对与孩子的分离

1. 出差时不要悄悄"开溜"，学会与孩子正确告别

很多父母都有这样的经历：只要出门办事，看着哭得直冒鼻涕泡儿的孩子特别心疼，于是难舍难分，哭得比孩子还厉害。只好哄孩子说马上回来，结果孩子任谁都拉不开，哭着闹着也要死死抓住父母的衣服。有的父母还有很多父母选择在孩子熟睡后悄悄离开，或是趁孩子不注意时偷偷溜走。

悄悄离开会让孩子缺乏安全感

心理学家表示：父母出门时不告而别，对于孩子的心理健康极其不利。这会让孩子误认为"爸爸妈妈不爱我了""爸爸妈妈抛弃我了"。在爸爸妈妈离开的这段时间中，孩子的内心会非常纠结、惶恐、不安，会产生很多复杂的情绪感受。而这种情绪如果长期存在的话，会给孩子造成缺乏安全感、被人抛弃的心理，甚至长大以后这样的不安全感仍然存在。

很多父母觉得在离开前需要花些时间跟孩子聊一聊、陪伴一下孩子、

跟孩子来一个告别仪式，看起来比较复杂麻烦，但是从长远来看它是有好处的。孩子慢慢会建立起清晰的概念，学会主动在爸爸妈妈需要离开时跟爸爸妈妈道别，在下班的时间盼着爸爸妈妈回家。孩子内心的安全感会非常强。

父母不恰当的告别方式，会失去孩子的信任

轩轩的爸爸说，以前自己只要一离开，为了安抚孩子总会告诉孩子，爸爸出去买个东西马上就回来。可是孩子现在似乎不吃自己这套，他都不知道再上班离开，该怎么和孩子说了。

很多家长为了暂时地安抚孩子的情绪都习惯借口说马上回来，但实际上就离开了。这种方法可能非常危险，因为这样的行为可能让孩子陷入恐惧。一个非常亲近的人却欺骗了自己，孩子的内心会非常没有安全感。他们会对父母产生强烈的不信任感，进而对这个世界产生不信任感，甚至会觉得自己没有得到应有的尊重，并由此产生愤怒情绪。

当父母下次再回来时，孩子可能会不再欢迎父母，或时刻担心父母离开而变得不安或焦虑。专家表示，爸爸在上班离开前可以这样和孩子说："爸爸现在要上班了，爸爸也想陪你，但是爸爸现在可以陪你5分钟，爸爸5分钟之后就要走了，中午会回来陪你吃饭。"

也许这个时候很多孩子还是不让自己的家长走，哭也是一定的。但是家长要给孩子强调自己什么时候回来，让孩子在家长离开的时候有安全感，心里有底而且家长在离开的时候要告诉孩子，你把他托付的人也是安全的，可信任的，是不会伤害他的。这样孩子的心里有足够的爱，焦虑感就会消减一点儿。

另外，还有一些爸爸，为了避免和孩子纠缠，产生孩子不让自己走的情况，会头也不回地直接走掉。这种做法会使孩子感受不到爸爸的回应，产生恐惧感，甚至对自己产生怀疑，容易打击孩子的自信心，从而可能变得内向、自卑。

写给爸爸的话：如何与孩子正确告别

我们一定要让孩子意识到，父母的离开是暂时的，让孩子得到了回应和尊重，加强他的安全感。那么我们应该如何与孩子正确地告别呢？

分别前说"再见"

千万别忽略了分别前说一声"再见"，对于孩子而言这简单的词语代表的是信任。所以，即使孩子很小，听不懂语义，我们也要说，一旦与孩子培养出信任，我们就可以完全放心地离开，"分离焦虑症"也不会再出现。

肢体语言告知

见面时的拥抱，分开时的吻别，我们可以刻意运用一些肢体语言告知孩子——亲亲小脸表示即将离开。孩子习惯后，心里便知道爸爸、妈妈要走了，打好"预防针"，孩子便不会再哭闹或阻拦爸爸妈妈出门。

兑现自己的承诺

我们和孩子约定好下班后一起做的事，比如讲故事或给孩子带一份小礼物，如小饼干、小玩具等，就一定要兑现，这样才能帮助孩子建立对父母的信任感。

让孩子觉得你爱他

当我们出门回来的时候，要很热情地跟孩子打招呼，先全心全意地陪他一段时间再去处理其他事情。当孩子明白我们肯定会回来，而且和以前一样爱他，就会觉得安心。

爸爸还要从小培养孩子的兴趣，在点滴生活中发现孩子喜爱的玩具，愿意做的小游戏。即便爸爸、妈妈走了，他也能找到寄托。

2. 不肯去幼儿园，坚持还是妥协

每年九月是新生入园的时间段。此时的幼儿园常常哭声一片，有的孩子表现出紧张、不安、恐惧等情绪，有的孩子则会在行为上表现出暴躁和哭闹，这是因为孩子离开熟悉的人或环境时，会产生强烈的焦虑、不安即我们通常所说的"幼儿园分离焦虑症"。

为什么孩子会产生幼儿园分离焦虑

在幼儿园门口，铭铭的小手紧紧地缠住爸爸的脖子，边哭边喊："我要爸爸妈妈！我要回家！我不上幼儿园！"此刻，铭铭的爸爸既心酸难过又束手无策，想狠狠心把孩子放下来就走，内心又十分不舍……

教育专家指出：幼儿园的环境跟家庭环境不同，因此，当一个小孩来到幼儿园的时候，心理上就产生问题了。确实，孩子从一个原本熟悉的环境来到一个完全陌生的环境，离开自己所依恋的亲人，心理上很自然会产生一种陌生惧怕的情感。孩子对幼儿园越熟悉，分离的焦虑也就会越弱，所以在幼儿园中班后期和大班孩子身上分离焦虑现象比较少见。

父母自身的焦虑也是孩子产生分离焦虑的原因。有些父母当孩子独自面对陌生环境时，预期孩子会紧张，首先自己就表现出紧张。当孩子离开自己的视线时，他们感到忐忑不安，忍不住回头寻找孩子，看看他是否安全或者开心。孩子在模仿父母行为的过程中习得了这种对外在事物的高度警惕性，与父母分离时必然会产生许多不必要的担心。

特别是有些父母会在孩子入园后，偷偷躲在幼儿园的角落观察孩子。一旦被孩子发现，受到父母对他入园这件事不放心的暗示，孩子的焦虑反应就加剧了。对此，教育专家尹建莉说："孩子初上幼儿园都难免哭闹，此时特别需要家长拿捏好自己的态度。既要关怀孩子，又不能纵容孩子的脆弱。"

如何面对孩子因入园而引起的分离焦虑

刘峰在女儿在上幼儿园前，就先带女儿参观了他工作的地方，让孩子知道什么是"上班"，明白为什么爸爸上班的时候她应该去幼儿园，这让孩子从心理上接受了这件事。接下来的一天，刘峰送女儿到幼儿园门口，她非常配合地走进去，走到老师跟前。刘峰把她交给老师，跟老师说两句话，就跟她说再见。

女儿嘴里说"爸爸你去上班吧"，两只小手却紧紧抓着爸爸不肯松开。刘峰口气轻松地说，你跟老师进去吧，再见宝贝！女儿仰头看着爸爸，小手抓得更紧了，眼泪就掉下来了。刘峰克制住自己的不舍，一脸轻松地挣开孩子的手，用愉快的口气对她说："宝宝跟老师进去吧，再见！"扭头就走了。

在刘峰扭头的瞬间，女儿大哭起来。他克制住想抱抱她的冲动，回过头仍然口气轻松地说："不要哭了，跟老师进去吧，再见宝贝。爸爸下班了来接你！"转身走了。第二天，刘峰送女儿去幼儿园时，情绪还是有些低落，刘峰假装没在意她的情绪，一路上和她随便聊些什么。到了幼儿园门口，刘峰仍采取和前一天一样的态度，表情愉快地和她说了再见后，就转身走了。从那以后，女儿再也没有因为去幼儿园而哭过。

父母要向孩子表明态度，让孩子知道必须坚持去幼儿园，但态度要和善而坚定，绝不能哄骗、恐吓。如果孩子以身体不舒服为理由拒绝去幼儿园，我们就要判断孩子是否真的病了，或者请医生帮助辨别。千万不能因为孩子哭闹或者装可怜，我们就心软不送孩子去幼儿园了。这样三天打鱼两天晒网的，会延长孩子的入园焦虑期，而且也会给孩子今后的成长留下隐患。幼儿园不愿意去就不去了，以后上学怎么办？孩子不可能永远留在我们身边，待在自己熟悉的小环境里面，他们最终要独自走向社会，迈出第一步的阵痛和焦虑早晚要经历。

写给爸爸的话：孩子产生幼儿园分离焦虑，应该怎么办

孩子刚上幼儿园时哭闹、情绪不稳都是正常现象，我们不要只顾着责怪孩子胆小或适应能力差，而是要理解孩子这种正常心理，正确引导，帮助孩子一起度过焦虑期。那么我们应该怎么做呢？

提前带孩子熟悉幼儿园

如果我们在开学之前提前带孩子到幼儿园附近玩耍，那么等到真正开学的时候，孩子哭闹的情况将有所减少。如果条件允许，我们可以带孩子多去几次，让孩子知道幼儿园里都有些什么有意思的东西，这样孩子对幼儿园会有所期待。

郑重地把孩子交到老师手上

孩子去了幼儿园以后，需要一个依赖对象，如果我们让他知道，老师是值得信任的，他对老师的信赖感增强后，也会更适应幼儿园。我们需要事先与老师沟通好，请老师配合。然后每天真诚地告诉孩子："妈妈很信任某某老师，妈妈不在的时候，老师会像妈妈一样关心照顾你，你有什么想法要告诉老师。"然后我们就可以郑重地把孩子交到老师手上。

增强幼儿园的吸引力

如果条件允许，我们还可以让孩子跟熟悉的小朋友一起上同一家幼儿园。和熟悉的小伙伴一起上幼儿园，孩子的分离焦虑就会减轻很多。

培养孩子的自理能力

孩子产生焦虑还有可能是因为生活自理能力差，在幼儿园需要自己动手的事情不会做。所以在孩子入园前，我们应该培养孩子学习一些简单的生活技能，比如学会自己吃饭、喝水、穿衣、上厕所等。

有些刚上幼儿园的孩子，晚上回到家，会变得爱发脾气、爱闹情绪。遇到这种情况，我们应该理解，孩子初入园，还难以适应幼儿园的规矩，再加上分离焦虑的影响，孩子一整天都处在高度紧张的情绪中。回到家他们会放松，发点儿小脾气也可以理解。我们先不要制止，让他发泄，也可以多和孩子一起在户外做做体育运动，让孩子通过奔跑、跳跃来释放焦虑等负面情绪。

3. 小学就把孩子送寄宿制学校，你想过孩子的感受吗

要不要送孩子去寄宿制学校，对家长来说，是一个比较棘手的问题。赞成派认为可以培养孩子的自理能力和集体意识，反对派认为缺少家庭的温暖，不利于孩子的情感培养及智力发展。

对此，教育专家认为，孩子在读大学前都不应该寄宿。而这种否定程度是随孩子年龄增长而递减的。幼儿园和小学最不该寄宿，初中也不该，孩子到了高中阶段，寄宿制的负面影响会小很多，要不要寄宿，需综合各种条件来考虑，但仍然建议最好住在家里。

小学的时候寄宿，会给孩子的心灵造成难以弥补的创伤

小学是亲子关系打基础的关键时期，孩子从以玩为主的幼儿园进入纪律性、知识性较强的小学需要父母的陪伴和支持，寄宿后父母就无法准确察觉孩子的内心变化，且此时的孩子价值观和习惯还有很大的可塑空间，因此父母不能缺位。

同时，6~7岁也是孩子生长发育的重要时期，父母在饮食方面可以更周到地考虑营养的均衡和搭配，有利于孩子健康成长。

教育专家曾经指出，把孩子和父母隔绝开来，就可以锻炼出很强的自理能力；把孩子早早送入集体生活中，就可以有很好的集体意识、善于和人合作——按照这样的逻辑，孤儿院的孩子受到的早期教育应该是最好的。

在孤儿院长大的孩子，可能会存在某些心理问题。他们的自我意识和与人合作能力往往比较差。究其原因，不是他们的天赋不好，也不是孤儿院的养护人员工作不尽责，而是他们失去了正常的家庭生活和父母之爱。从小缺少家庭气氛的滋养，缺少和亲人的情感及语言交流，导致他们成年后在心理及能力方面表现出永久的缺陷。

没有任何理由可以让你把孩子送去寄宿

有些爸爸说，我知道上寄宿制幼儿园对孩子不好，但工作实在忙，没办法，只能全托。忙是个事实，孩子幼小的时候，往往正是父母开始打拼的时候，但这不应该成为天天不见孩子的理由。年轻时，谁不忙呢？再忙也要回家吧？哪怕每天只有半小时和孩子相处，或者几分钟，它都是有意

义的。只要父子间常听到对方的声音，母子间常闻到彼此的气味，家中就会形成甜蜜的气场，这种气场包围着孩子，让他内心安全而滋润。

还有的爸爸说，是为了择"重点校"而让孩子去寄宿。教育专家对此回答说："哪怕上一个条件差些的学校，一定要让孩子天天回家。为择'重点校'而去寄宿，是非常不合算的一件事，表面上暂时能获得一些东西，但从长远看，是捡了芝麻丢了西瓜。"

写给爸爸的话：小学就把孩子送寄宿制学校，有哪些危害

英国经济学家亚当·斯密就非常反对孩子上寄宿学校，他认为孩子长时间和父母分离会使家庭伦常和家庭幸福遭到最根本的破坏。任何东西，都不可能弥补寄宿制生活给孩子带来的伤害。他说，家庭教育是自然之神设置的，完整的家庭教育才是培养智慧的途径。那么，小学就把孩子送到寄宿制学校，会给孩子带来那些危害呢？

不利于培养孩子安全感

六七岁的孩子正处于安全感的形成期，孩子最大的安全感来源是家。如果这个时候把孩子送去寄宿，孩子的心里很有可能对父母产生不信任感。很多家长都忽略了这样一个事实：只有充分给予孩子安全感，才能真正走进孩子的内心。

孩子易受欺负且不能及时疏导

寄宿学校的孩子一般是从一年级到五年级不等的。孩子年龄小，非常容易受到大孩子欺负。而老师要照看的孩子很多，精力十分有限，孩子受欺负不一定会得到及时的关心和照顾。此时父母又不在身边，给不了孩子细致入微的关心。敏感的孩子很容易受伤、影响心理健康。

导致孩子家庭观念淡薄

长期寄宿还会让孩子家庭观念淡薄，使一个每周五欢欣雀跃盼望见到爸爸妈妈的孩子变成了回不回家无所谓，并且什么话也不愿意和父母说的人。

孩子终归要长大、离家，我们和他们相处的时间并不长。趁孩子小的时候，多和他们在一起，多点时间陪伴他们，让孩子感受父母的爱比什么都重要。孩子去不去寄宿学校，要把选择权交给他们，不要只考虑自己忙、没时间，还要考虑孩子的感受。希望我们都能从实际出发，不要看到别人家的孩子去寄宿自己就"蠢蠢欲动"，只有适合自己家孩子的才是最好的。

4. 对待孩子要懂得适当放手

2017年9月4日，是开学的第一天，一张张家长们的"蹲守""爬栏"照，刷爆了朋友圈。每位小学一年级、幼儿园新生的家长，都担心孩子不适应校园生活，担心他们吃不好、玩不好，没法融入同学。于是，在各个校园的校门口，家长们爬墙、爬栏杆、妈妈坐在爸爸肩上，纷纷向学校里张望。

一位幼儿园的老师称，由于忙着照看孩子，没时间看手机，等到有空看时，一个新生班级群显示有210条未读信息，全是担心孩子在校不适应的。

家长的分离焦虑症有时候比孩子还严重

一位爸爸说："如果孩子在没有我协助，跟我没关系的情况下，竟然可以快乐，这会让我觉得被严重地抛弃了。"

父母一方面盼着孩子能够大方独立，能够适应新环境，自己可以轻松些；另一方面，突然发现以前那个谁抱都不行的孩子，如今已经不再非父母不可，不再是黏人的"小尾巴"了，内心也会有些小失落。

放手不容易，但是必须做

在深圳一所著名大学任教的老教授和妻子，打算趁着"十一"长假去上海看看读大学的女儿。临行前，他们准备了女儿爱吃的零食，薯片、蛋糕、酸奶等，带了一堆。他们希望可以给女儿一个惊喜，但是没想到见面之后却碰了一鼻子灰。

女儿问他们，为什么不经过她同意就来上海，这样直接过来是对她的不尊重，语气中明显充满责怪的意味。老教授的妻子对女儿说他们就是想她了。而女儿却对他们说，天天微信通话还有什么可想的，简直是感情泛滥。老教授和妻子还打算让女儿陪着在上海转转，女儿却说跟同学约好了去南京玩，然后匆忙离去。

他们夫妻二人在上海待了一天，觉得无聊，又坐着高铁返回了深圳。老教授心中很不是滋味，他打电话向好友诉苦："你说我错在哪里？"

也许故事中的女孩处理问题的方式太过极端。但是从另一个方面看，孩子是父母教育出来的，孩子体现出来的问题，又何尝不需要父母做出调整呢？

父母想去看孩子，不妨提前打个电话让他有时间准备。可以利用各种软件和平台大大方方地去了解他的情况。父母应像朋友一样和孩子交心，给他适当的尊重。

跟孩子划清界限，对父母来说并不是一件容易的事情，但也是每个父母的必修课之一。

英国著名的心理学家西尔维亚曾提出："这个世界上所有的爱都是以聚合为目的，只有一种爱以分离为目的，那就是父母对孩子的爱。"这注定是一场以离开为目的的爱，父母只有学会放手，孩子才会成长，才会懂得如何和身边的同学、和这个世界友好相处；才会懂得如何独自面对人生，如何克服困难挫折。

写给爸爸的话：如何应对自己的分离焦虑呢

我们要懂得自我调节，明白并接受：与孩子分离是孩子成长需要和必经历程。如果我们不放手，孩子无法在成长中晋升台阶，甚至无法融入社会生活。那么爸爸应该如何应对分离焦虑呢？

孩子是独立的个体

我们都认同孩子是独立的个体这个概念。但在真正的家庭教育中，有些父母就很难将这个概念落实，从孩子出生后父母就给予各种心理和生理的呵护。孩子在不断成长，父母却并没有因为孩子的成长而改变看待孩子的视角，他们总是会得无论孩子长到多大，在自己面前永远都是一个孩子。

父母的这种想法和相应的家庭教育方式会极大地影响孩子的心理和能力发展。随着孩子的成长，孩子的生活重心会慢慢地向外转移，逐渐建立自己的"小圈子"，学习知识、学习交朋友、学习表达自己，这是孩子成长的重要阶段也是必经阶段。所以，在家庭教育过程中，我们需要适当放手让孩子自己独立完成力所能及的事情，把孩子当成一个独立的个体，而不是附属品。

有自己的生活、自己的人生

除了照顾孩子和家庭，我们是否还记得大学毕业时的理想？我们有多久没好好和朋友聚一聚了？有多久没有喝杯咖啡，好好听一听自己喜欢的音乐？终于有一天，孩子奔向更广阔的世界中，我们又要开始自己的生活。

我们和孩子的分离是必然的，但这并不代表孩子舍弃或者不要我们了，只是他们长大了，他们能够独自面对人生的困苦，而我们能做的就是站在他们身边鼓励支持他们。

5. 这样做，可以帮助孩子减少依赖性

孩子依赖父母很正常，因为可以从父母那里获得安全感和满足感。如果孩子逐渐长大，还是离不开父母，不能自己去幼儿园，不能上小学，不能与父母短暂分离，睡觉的时候必须要父母陪……这就是孩子内心成长不足，依赖性太强，需要父母加以重视和引导。

孩子依赖性强是父母的干预造成的

艾伦已经8岁了，可是他从来没讲过一句话，父母对此非常着急。一天早上，艾伦看着桌上的早餐，忽然说："可以在麦片粥里放点儿糖吗？"听到孩子开口说话，爸爸高兴极了，问艾伦为什么憋到现在才说话，艾伦耸了耸肩膀："你们把一切都安排得挺好，我还有什么可说的呢？"

故事虽然有些可笑，但笑过之后，我们似乎明白了一个道理：孩子依赖性强的原因根本还在于父母。上了初中的孩子还让父母打洗脸水、洗脚水；与别的小朋友闹矛盾了，不自己去处理，而是回来"告状"……种种依赖其实都来自父母的"帮助"。减少孩子的依赖性，就是要减少这些"帮助"。

无论是孩子的生活还是学习，父母都要参与、安排，并且冠以"爱孩子"的美名。然而，这些看似对孩子的爱，大部分都是父母一厢情愿。因为他们始终把孩子看成自己的附属品，希望能够永远拥有孩子。这种溺爱只会扼杀孩子的个性。

让孩子自己去尝试和体验

著名教育专家孙云晓曾经说过这样一个故事。他的好友冯先生有一次去德国做访问学者，闲暇时间带着4岁的儿子去海滩上玩。他们的旁边是一位德国妈妈，在躺椅上看书。冯先生眼见那个德国孩子抓了一把沙子往嘴里塞，非常着急，连忙走到德国妈妈的身边，提醒她："你的孩子正在抓一把沙子往嘴里塞。"

谁料，那位德国妈妈却用一种惊讶的眼光看着冯先生，然后说道："那又怎么样呢？"她说，等他尝过之后知道沙子不好吃，自然也就不吃了。冯先生愕然，如果这是在中国，大部分家长会阻止孩子。

孙云晓说，家长告诉孩子沙子不能吃，或孩子把沙子放到嘴里最后的结论是一致的，但获得结论的方式却不一样。前者，孩子获取的是父母提供的间接经验；后者，孩子以亲身体验之后得到直接经验。有时候，让孩子自己去体验，才能减少他们对父母的依赖，影响也更深远。

成长是一个社会化的过程。这个过程显著的特点之一就是实践性。孩子只有通过亲身体验才能明白其中的道理，而父母应该尽可能多地为孩子提供体验机会，比如，吃饭、穿衣、穿鞋、收放玩具等力所能及的事情。

有的父母允许孩子去做一些简单的事，但是在孩子从未做过的事情面前，会提前将事情的过程告诉孩子。虽然是这种体验就丧失了其原本具有的意义。

有些看似简单的事情，也会有预料不到的困难，那种发现问题后的惊疑，往往可以促使孩子向新的事物挑战。进而靠自己的力量解决问题。

因此，对于过分依赖的孩子，父母一定要让孩子勇于尝试，让孩子在接触新事物中发现世界的乐趣，从而改掉过分依赖的毛病，走向独立。

写给爸爸的话：如何减少孩子的依赖性

依赖性强的孩子往往比较懒惰，遇事没有主见，缺乏自信，总觉得自己能力不足，甘愿置身于从属地位。那么，爸爸应该如何减少孩子的依赖性呢？

让孩子扩大圈子，多交朋友

爸爸要鼓励孩子结交新朋友，让他们主动接触一些新朋友，当孩子认识到很多新朋友的时候，就会减少对父母的依赖，变得独立。

我们还可以让孩子与小伙伴们互相串门，鼓励孩子带朋友到家中来做客，让孩子充分享受友情带来的快乐。

经常和孩子玩躲猫猫的游戏

当孩子的注意力集中在玩玩具或游戏中时，父母可以像躲猫猫一样轻手轻脚地出现在孩子身边，让孩子感觉到父母一直都在，这样他就能更安心地自己玩耍了。接着，再悄悄离开，久而久之，孩子就会逐渐习惯和父母的短暂分离。

父母自身不要过度关注孩子

父母要先从自己做起，因为有很多人放不下孩子，给予孩子过多的关注，容易使孩子养成不良的习惯。学会有意识地"疏远"孩子，让孩子有空间、时间独立玩耍，而不是时刻紧张关注。

别怕孩子帮倒忙

当孩子充满好奇，渴望帮父母洗衣服时，有些父母怕孩子搞得乱七八糟，干脆拒绝了孩子刚刚萌生的劳动意识。

任何一个孩子开始做事时都不可能做到尽善尽美，父母首先要保护孩子的积极性，再考虑怎样让孩子做得更好。做不好没关系，一次次练习，才能日渐独立。

适当减少亲昵行为

一些父母会让孩子晚上和自己一起睡，担心孩子晚上踢被子。当孩子的年纪稍大时，我们就应该考虑与孩子分床睡了。一开始孩子可能会怕黑，百般不愿意。即使如此也要想办法让孩子逐渐习惯自己一个人睡，比如为孩子开一盏小夜灯或者睡前给孩子讲故事直到他入睡等。

另外，父母不要经常对孩子做一些对待婴儿般的亲昵动作，比如过多亲吻、拥抱或者抚摸身体，等等。只要让孩子感受到爱和关心，这样才不至于剥夺孩子的安全感。这是一个逐渐减少的过程，而不是突然停止。

我们早晚会有一天松开孩子的双手，让他自己去奔跑、去生活。所以在孩子小的时候就要适当放手，给孩子更为广阔的成长空间，让他们自己做决定，只有这样孩子才能逐渐成长为一个不盲从、有主见的人。

第十章 爸爸陪孩子走过叛逆的青春期

1. 青春期孩子乱发脾气怎么办

很多爸爸都反映，孩子进入青春期后不服管教，经常为了鸡毛蒜皮的小事和父母吵架，有的还离家出走。往往他们在学校也是闹腾不停，家长经常接到老师打来的电话。

青春期脾气暴躁的生理原因

青春期是孩子由稚嫩过度为成熟的重要时期，在孩子生理以及心理上会形成较大改变。这一阶段可能变得脾气暴躁、内心浮躁、容易冲动等。

青春期的孩子都会面临一些生理变化，比如，青春痘的生长，声音变化，男生胡须的生长以及对异性的恋慕等。

专家建议，父母要本着科学的态度为孩子普及生理知识，引导他们正确了解异性，不要让这些正常的现象压抑在孩子心中。

孩子脾气暴躁，也许是父母的错

不只是生理上的变化会导致孩子脾气变差，有时候父母的态度也会让孩子脾气变得暴躁。青春期是孩子渴望独立的阶段，孩子急着想摆脱父母的依赖，听不进父母的管教，如果父母的态度不够友好，就会引起孩子的情绪反应，让他们和父母大吵一架。

有的父母处理问题简单粗暴，这很容易易引发孩子的情绪对立。持有传统观念的父母，认为自己的话就是圣旨，往往在潜意识里要求孩子必须要听话，如果孩子不听话，就会很生气。仔细想想我们和孩子平时相处的情况，就会发现，我们经常会粗暴地责备孩子，比如孩子正在玩网络游戏，或者用手机聊天，或者正沉醉在小说世界里，我们就会突然粗暴地打断他们。这时孩子肯定会和我们闹不愉快，如果我们再喋喋不休，孩子就会大发脾气。

有的父母在面对孩子时会口无遮拦，这样会伤害孩子的自尊。父母指责孩子最多的话，肯定与孩子学习有关。比如看到孩子成绩不理想，首先想到的不是怎样帮助孩子查找学习中存在的问题，而是指责孩子不用功、不努力。比如接到老师的投诉，首先想到的不是调查真相，动动脑筋和孩子聊聊，而是一味迎合老师，批评孩子。

如果我们凡事不三思，张嘴就骂，有上那么两三回，孩子对我们的印象就基本确定了。接下来，我们再批评孩子，他们就会找无数的理由来对付我们，直到把我们气得火冒三丈，接下来，一场家庭战争就发生了。

在很多时候，父母对孩子的要求会过高，比如对孩子的一些错误抓住不放，动不动就拿出来讽刺挖苦，怪孩子做事笨手笨脚，吃东西样子难看，说孩子是笨蛋、傻瓜等。这些都极易伤害孩子的自尊，久而久之，孩子就会产生敏感的情绪，会不择手段地维护自尊，哪怕粗暴地对抗父母。

写给爸爸的话：不让孩子乱发脾气，怎么做

我们要接纳孩子的各种情绪，包括坏脾气。接纳意味着"我注意到你有情绪，并且我接受有情绪的你"。我们可以直接说出孩子的情绪，比如说："看起来你有点儿生气。"等到孩子的情绪基本发泄完之后，我们可以慢慢引导孩子说出事情的细节，从而进一步引导孩子。那么针对孩子发脾气，我们应该如何做呢？

不要"以暴制暴"

青春期的孩子脾气暴躁无可避免，但是很多父母采取的方式无非就是以暴制暴，这种方法是非常不理智的，会给孩子造成负面影响。我们要冷静处理，在孩子发脾气的时候，以冷静的态度面对他，他的坏脾气过去后，也会冷静下来。在潜移默化中，孩子就会渐渐改变自己的暴躁情绪。

父母意见要一致

在如何对待孩子发脾气的问题上，如果父母意见不统一，双方会削弱对方措施的效果，不管采取什么措施都没有意义。比如，父亲在教训发火的孩子时，母亲一定不能说"别听你爸爸的，有什么事和妈妈说"之类的话；或者当母亲教育孩子时，父亲打断母亲的话，为孩子辩解、说情等。父母意见不一，很容易使孩子不尊重父母中的一方，甚至降低家长应有的威信。

转移孩子的注意力

青春期的孩子脾气暴躁，父母对其采取的态度很关键，既不能听之任之，也不能过于强硬，最好的应对方法就是迅速地将孩子的注意力转移到其他方面，或者让孩子发泄，去自我克制、平息。坚持一段时间后，孩子乱发脾气的习惯就会渐渐转变，因为他会意识到，这样乱发脾气是不能得到任何东西的。

教孩子学会控制情绪

我们可以利用节假日多带孩子亲近大自然，缓解孩子紧张的情绪。在双方心情都比较愉悦的时候，表达对孩子的关爱，使孩子体会父母的

良苦用心,并告诉孩子,不管遇到什么不顺心的事都可以说出来,这样才能得到别人的帮助。如果孩子实在控制不住自己的脾气,我们可以让孩子先到外面做适量的运动,或做一些其他的活动,以达到转移注意力的目的。还可以让孩子对着没人的地方大喊几声,使他紧张的情绪放松下来。

此外,我们要经常审视自己、反思自己,看看自己对孩子的关爱是不是有所缺少,是不是自己忙于工作,很少与孩子有情感上的交流,甚至不知道孩子近期发生过什么事情。多与孩子沟通交流,了解孩子的内心世界,可以帮助孩子改变脾气暴躁的性格。

2. 青春期孩子总和你对着干怎么办

在日常生活中,我们经常听到不少爸爸这样抱怨:"现在的孩子真是难养,你让他往东,他偏偏往西,你让他做什么,他不仅不做,还偏要制造更大的麻烦出来。孩子总是跟我对着干,怎么讲道理都没用!"

心理学家表示,这是孩子进入"青春叛逆期"的表现。这说明孩子正在探索这个世界,并借此形成他的世界观、人生观和价值观。这有利于孩子培养好胜心和成长。但是如果处在青春叛逆期的孩子得不到家长的正确引导,就容易变得以自我为中心,多疑、不合群等,亲子关系就会变得很糟糕,得不偿失。

为什么孩子要处处和你作对

身体外形的迅速发展,会使青春期的孩子产生一种"成人感",不少孩子觉得自己不再是小孩了,希望摆脱童年时的一切,尽快进入成人世界,期望父母用对待成人的态度来对待他们。

如果父母意识不到孩子的这种变化,仍然用以前那种"父母说,孩子听"的方式管教孩子，他们就很可能和父母对着干，以此彰显自己的成人身份。

受传统思想的影响，父母通常认为孩子幼稚无知、不成熟，没有家长阅历丰富，把自己说的话完全当作耳边风，在这种思想主导下，有些家长便极少赋予孩子发言权。孩子犯错，只有受教育的份，只有听大人说话的份，只有言听计从的份，一旦反驳就会受到更严厉的批评。父母这样做，只会损害孩子的自尊心和自信心，不仅不能够让孩子养成独立的人格，也会破坏亲子关系。

青春期的孩子不听话就对了

大多数父母都很头疼孩子不听话、叛逆，其实那些善于同父母对某件事进行争辩的孩子比犯错误只会默默不语的孩子，思维会更敏捷，看待问题更全面，在性格上更有主见，更自信，创新能力也非同一般。因为孩子与大人争辩的过程其实就是他们开动脑筋、锻炼思维的过程。

处在青春期的孩子思想已经"不再受父母控制"，他们更相信自己的意识和想法，并以此获得了同龄人的肯定和关注。如果孩子仍然需要父母的关注的话，这才是个问题，因为他一直没能获得父母足够的关注和认可。如果孩子内心"得不到满足"的情况持续了很久，孩子就会出现更多其他问题。

如果孩子一直听父母的话，对父母的话坚信不疑，并害怕表达自己的想法，或者说对任何事都没有自己的想法，那么这样一个缺乏独立思维方式的青春期孩子，才是最应该让父母担心的。

专家表示，如果孩子只是单纯地"不听话"，父母要停下来想想孩子的想法，"他想表达什么？他为什么会这样理解事情？"父母试着站在孩子的角度去理解问题，就不会与孩子产生隔阂。父母也不要打着"我这么做都是为了你好"的旗号，很多人就是很固执，认为这样是对孩子好，这样肯定会导致亲子关系破裂。

写给爸爸的话：关于孩子叛逆，我们可以做点儿什么

对于孩子的逆反行为，我们既不必如临大敌，也不能视而不见，要认识到这是一种正常的心理现象，是进入青春期的孩子身上普遍存在的，只不过在每个孩子身上表现出来的程度不同而已。我们应该积极地对孩子进行指导教育，而在指导教育过程中要讲究技巧，那么我们该怎么做呢？

少说点儿话

大多数孩子都会顺利度过青春叛逆期，我们要相信孩子有这个能力。除了信任，我们还要少说一点儿话。当孩子尝试失败时，只要让他们知道，父母一直在支持他们，就行了。其实，默默支持比不停地唠叨"我早告诉你不要这样做"，给他们带来的感受好得多。

承认自己不如孩子

孩子对新生事物的认知接受比较快，他们对一些现象、事情有着与父母格格不入的看法，而这些看法不少也是正确的、与时俱进的。我们要敢于承认在某些方面不如孩子，学会倾听孩子的想法，多与孩子交流。

事实上，专家指出，尽管孩子表现得很叛逆，但他们具有与父母沟通的强烈愿望，所以我们要加强感情投入，不要因为工作忙而忽视孩子的对话需求。在与孩子交流的过程中，不要一味说教，要像朋友一样平等对待孩子，尊重孩子的隐私权，不偷看孩子的日记，这样才会减少孩子的反感心理，让他们愿意与家长交流。

让孩子参与家庭事务的决策

有的父母会说："我这么辛苦还不是为了你？你这么大了就不能懂事一点儿？"孩子对这种抱怨，会一句话顶回去："又不是我要出生的。"父母又气个半死。

父母的确为家庭付出了很多，但是，要让孩子变得懂事、听话，父母就要换一种交流方式。比如，让孩子多参与一些家庭事务的决策，倾听孩子的意见，这些方式都能培养他们的家庭责任感。父母跟孩子讲讲自己的工作，也会唤起他们对父母的理解，促使他们认真做好自己的事，比如做一些家务，尽量不让父母操心。

青春叛逆期的孩子如同刺猬，浑身上下都是禁止父母靠近的刺，但实际上，他们的内心比任何时候都柔弱，渴望获得尊重和爱。如果他们得到了父母的认可，孩子可能就不会那么叛逆了。

3. 青春期的孩子不愿意同你沟通怎么办

在很多家庭中，青春期的孩子不愿把心事告诉父母，不管是心中的想法，还是生活中遇到的问题。他们认为跟父母说是没有用和不安全的，而且通常只会换来忽视、嘲笑或指责等负面结果，这也使得父母失去了与孩子沟通、陪孩子成长的机会。

孩子不愿意和你沟通，你应该检讨一下自己

孩子为什么不愿意和我们沟通？我们首先要好好地审视一下自己，是不是在日常生活中的说话语气、态度表情等有什么让孩子害怕和恐惧的地方？是不是孩子曾经把什么事情说给你听的时候，你没有认真地听？是不是孩子和你说的心里话，你当成了玩笑？如果真的是这样的话，孩子不愿意与我们沟通和交流，原因就是伤了自尊或是怕挨批评。

尊重青春期孩子的隐私

进入青春期的孩子愿意将自己的秘密藏在内心深处，这是一个很正常的现象。此时的孩子正处于生理和心理的发育时期，心理上自主意识在不断增强，自我表现也日益突出。他们强调自己已经长大了，对事物有自己的看法，不再依赖父母，喜欢和同龄人交流，有了困惑，他们更愿意求助朋友、同学，而不愿和父母交流、解决。

潞潞自从上了初中后，就把自己的东西锁在一个小柜子里，钥匙也

总是藏起来,不让爸爸妈妈发现。有一天晚上,潞潞没有把钥匙藏起来,而是直接放在了桌子上。潞潞的爸爸看到钥匙后,就想打开柜子看看女儿究竟藏着什么秘密。这时,潞潞的妈妈制止了爸爸,并对他说:"这样做一定会引起女儿的反感。"

果不其然,第二天一大早,潞潞就生气地质问爸爸妈妈:"你们竟然偷看了我的东西!"潞潞的爸爸坚定地说他没看。潞潞问爸爸:"你没看,那我放在钥匙上的头发丝怎么不见了?"潞潞的爸爸心想,还好自己听了妻子的话没有看。潞潞打开柜子后,看到里面的东西纹丝没动,脸上露出了笑容,并对爸爸妈妈说错怪他们了。

潞潞的爸爸听到女儿向他们道歉,有些忍不住了,就对她说:"我本来是想看的,但是你妈妈不让。"潞潞对爸爸说只要他们看了,他们就能发现,她所有的东西都设置了"暗道机关"。潞潞的话让爸爸大吃一惊,孩子这是把他们当成"特务"了。

随着年龄的增长和独立人格逐步形成,孩子的"保密性"需求越来越强,如自己的日记和书信、与同学交往和谈话的内容等,孩子往往都不愿主动向父母吐露。但是,许多父母不能正确对待孩子的这种心理需求,总是千方百计地窥视、猜测孩子的隐私,强迫孩子按照自己的意愿来成长。父母的这种"爱心",往往会使孩子产生强烈的逆反心理,不利于孩子的健康成长。

父母如果想既要保护孩子的隐私,又要了解孩子,就要尊重孩子的独立人格,以朋友的身份与孩子融洽相处,在充分信任孩子人格的基础上,与孩子平等地进行情感交流,让孩子敞开心扉,主动地把隐私告知自己。

写给爸爸的话:怎么做才能让孩子愿意和你沟通呢

孩子进入青春期,我们就不要再把他们当成什么也不懂的孩子了,整天就知道让他们学习。我们应和孩子做"知心朋友"。对孩子而言,家长都是"过来人",很多孩子经历过的事家长都经历过,但家长经历过的事孩子们却没有经历过，所以家长要想让孩子在情感上走近自己，就要率先走近孩子。那么我们应该如何与孩子进行沟通呢？

平等地双向沟通

沟通应该是两个人平等交流的事情，两个人都有表达自己情感、想法的机会。可是很多爸爸跟孩子沟通时，是以一种高高在上，很有优越感的姿态，由上而下地进行着沟通。而且向来是他们说了孩子必须听，如果孩子不听，他们就开始愤怒，甚至开始武力镇压。这样的沟通孩子怎么可能愿意接受呢？

如果想要和孩子有好的沟通，我们需要先从家长的"主席台"上走下来，和孩子处于一个水平线上，甚至对于更小的孩子，我们需要蹲下身来，当我们跟孩子视线平等之后，以一种尊重的心态去跟孩子沟通。而不是我说着，你仰头听着，你没有权利反驳我。

接受孩子的想法

孩子长大了，对世界有了自己的看法，他可能会说："爸爸，特朗普当上美国总统了，票数最终比希拉里多，你知道为什么吗？""美国总统跟你有啥关系，考试又不考这个，背政治去吧，这才是你应该关心的事情。"孩子关心国际局势没什么不好，可是我们都没有耐心去听他怎么想，不想了解他所感兴趣的事情，三句话不离学习，孩子是不会愿意和我们沟通的。

我们都知道自己想和别人搞好关系，首先应该研究一下对方的喜好是什么，然后说他感兴趣的话题，然而到了自己孩子这边就恰恰相反了，不让孩子谈自己感兴趣的话题，还不许孩子有自己的意见。我们接受孩子的想法、观点，从谈话的细节中找寻积极的东西和孩子交流，孩子自然就愿意和我们交谈了。

建立"亲密时间"

我们可以和孩子建立"亲密时间"，在亲密时间里只倾听，不评价，不建议。打个比方，妻子都爱倾诉，甚至是开丈夫的批判会，在亲密时间里怎么办呢？先让妻子批判丈夫5分钟、10分钟，丈夫就在旁边听着，不反驳，等妻子说完了，丈夫总结出妻子的中心思想，然后说出自己的看法。

跟孩子沟通的时候，亲密时间就更重要了，在这个时间段我们对孩子采取不批评、不建议的方针，只是听孩子说话。我们要时刻管住自己的嘴，认真听孩子说。孩子有了委屈，遇到困难，就一定会先想到和父母谈谈。

另外，沟通的前提是了解孩子目前的心理状态，我们家长对孩子以下的问题了解多少呢？比如：孩子最近为什么不开心？好朋友是谁？最烦恼的事是什么？最喜欢什么活动？在看什么书？有没有异性朋友、关系如何？……我们如果能够及时把握孩子的这些信息，并给予针对性的指导，一定会陪孩子度过一个美好的青春期。

4. 青春期孩子早恋怎么办

当孩子进入青春期时，一些父母就开始担心孩子"不专心学习"，与异性交往"过多"，甚至产生"恋情"。但好像总是怕什么来什么，不管家长多么小心，如何提前打预防针，孩子到了这个年龄阶段，还是会对异性产生好感，甚至一脚踩进去，陷入感情泥潭无法自拔。没有父母愿意眼睁睁看着孩子"为伊消得人憔悴"，更不愿意看孩子因此荒废学业，怎么办？

不用紧张，孩子对异性有好感是正常现象

培培和小渔是初三同一班级的两个男女学生。两个人都是班干部，并且成绩都非常优秀。不知从何时起，两人从朦朦胧胧的好感，发展到卿卿我我、搂搂抱抱，陷入感情的深渊不能自拔，导致学习成绩急剧下降。老师多次找他们谈心，依然不见收敛。

孩子因谈恋爱而成绩下滑，这是很多家长都不能忍受的事情。对于孩子的"情窦初开"，家长们简直把它视为洪水猛兽。其实，我们作为家长,要正确看待孩子青春期的恋爱行为,这是孩子一种正常的青春期反应,证明他们已经从小孩进入了对爱情有渴慕的青春期阶段。我们应在日常生活中尊重孩子的人格和感情,对孩子进行正确的引导,切忌讽刺、讥笑孩子。

孩子恋爱,父母宜疏不宜堵

卢勤得知儿子有了早恋迹象,而他心仪的女生没看上他。想了半天,她决定写一张字条放在他的桌子上。她就写了三句话:"一个国家强大了,别的国家都会跟你建交。一个人强大了,别的人都会跟你友好。一个男人强大了,好的女孩自然会来找你。"卢勤没跟他沟通过这个问题,只是向他亮出了女人的观点。

很多父母知道自己的孩子恋爱后,第一反应就是阻止。但强硬的态度容易产生"罗密欧与朱丽叶效应",即家长越反对,外力干涉得越多,孩子的恋爱热度反而只增不减,会有适得其反的效果。

如今,时代变了,我们作为爸爸,需要更开放一些,应该更多地向西方家长学习,以朋友的姿态对待孩子的恋爱问题。事实上对于孩子的这种问题,家长挡也挡不住,那就合理引导,效果可能会更好。

写给爸爸的话:孩子早恋,我们应该怎么做呢

到了青春期,同龄人的影响力有时比家长还要大,尤其是对异性的欣赏,更能使孩子获得很大的自信。所以,爸爸一定要正确认识孩子的恋爱,相信自己的孩子有能力把握自己的心灵,也要看到恋爱有积极的一面,绝不能粗暴对待孩子的恋情,美好的事情只能以美好的态度来对待。

但是,爸爸尊重、旁观、把权利交给孩子的态度绝不是鼓励孩子恋爱,相反,18岁以内孩子的恋爱是不被鼓励的,因为孩子尚未独立,还没做好准备,对爱也没有全面深刻的认识。那么,我们应该如何帮助早恋的孩子呢?

帮助孩子正视"青春期恋情"

我们应该告诉孩子，美好的爱情并不只是单纯的异性相吸，还包括高尚的情操和充实的精神生活。如果孩子已经有了恋情，我们应当帮助孩子分析这段恋情。如果孩子是被对方的优点和长处吸引，就该把这种美好的情感和对对方的钦佩、欣赏化为努力提升自我的动力；如果孩子是被对方的外貌或家境所吸引，我们就该告诉孩子这种感情是肤浅的，物质和外在只是表面，内在精神的高尚和充实才是最重要的。

鼓励孩子多跟优秀的人交往

孩子喜欢的对象，很有可能是觉得他很优秀，在班级里学习成绩很好。我们可以在平时的聊天中问问孩子，如果有比现在喜欢的对象更优秀的人出现怎么办？也许孩子会说依然喜欢现在的人，也许会沉默。我们可以创造机会，让孩子见识更多优秀的人，多和优秀的异性交往。在孩子的眼界开阔之后，自然就不会觉得原来喜欢的对象有那么好了。

和孩子分享自己的恋爱经验

我们也可以跟孩子分享一下自己的恋爱经验。只是分享，不能批判孩子的早恋，孩子内心也就不会那么抗拒。比如，父亲和儿子谈，母亲和女儿谈。我们可以说：爸爸14岁时也喜欢过一个女孩，过程很甜蜜也痛苦……然后讲自己的经历，讲自己曾经喜欢过的女孩，之后又是因为什么样的矛盾而分开的，讲现在同妈妈在一起生活的幸福感受。当然，如果自己现在的婚姻不幸福，夫妻关系不和谐，也可以讲一讲自己的反思和认识，让孩子从父母不幸福的婚姻中得到"教育"。

帮孩子树立正确的爱情观

如果孩子只是暗恋对方，我们就应该告诉孩子，爱情是双方的，如果对方并不喜欢你，你就要把这份感情放在心里，不失风度、落落大方。这样能够帮助孩子正确认识"爱情"，也能帮孩子建立健康的爱情观。

此外，孩子陷入爱情中，会觉得除了谈恋爱外，其他什么事情都不重要。为了让青春期精力过剩的孩子远离情感困扰，我们可以设法转移孩子的注意力，比如，他喜欢打球，就买个篮球送给他，或经常陪他一起去玩，他忙起来，也就没有时间想东想西。

5. 青春期孩子抽烟怎么办

在广州一所实验中学距离校门口不足百米远的地方，十几名学生三三两两聚在一起吞云吐雾，有的学生，还不时从同学手中拿过烟卷放到自己的嘴上。

在这所学校上学的晓宇今年高二，已有两年烟龄的他说，初三寒假和同学聚会时他学会了吸烟，刚开始只是觉得好玩，后来因为学习压力太大、经常挨批评，慢慢养成了习惯，"现在也没什么烟瘾，不过已经习惯了每天偷偷摸摸抽两根儿"。

对于同学中的吸烟情况，晓宇表示他们学校是一所普通中学，学生成绩也一般，就他所知，吸烟的大有人在，他们班就有四五个，而且都是背着父母抽的。

一个男生的困惑

刚上高一的麒麒打算成年后再吸烟喝酒，可是他的很多好友和同学都是"烟不离手、酒不离口"，而且他们还要麒麒加入，如果他不合作，他们就说麒麒不够意思，没有男人样，麒麒为此感到十分困惑，他到底该怎么办呢？

一份调查资料显示，初、高中生的吸烟、喝酒率每年都在大幅度上升。研究专家认为，青春期孩子开始吸烟多半是因为心理原因，比如他们认为"吸烟能表现出男子汉的风度""吸烟才会引起他人的注意""吸烟会让人对你另眼相看""与别人交谈或吹牛时吐几口烟圈可增加说服力"等。还有很多青春期的男孩抽烟是因为好奇心作祟。大部分青春期男孩好奇心强，看别人怡然自得地喝酒、吸烟，自己便想亲自体验一回。此外，很多青春期男孩都对正面宣传有逆反心理，越是不让吸烟喝酒，他们心理上就越反感，越是跃跃欲试。

因为无聊、烦闷，许多青春期的孩子也会选择吸烟。学业上的压力增加、父母的严加管制、与同学产生的小矛盾等都会导致青春期的孩子心理失衡、情绪波动。这时，如果没有合适的排遣方式，吸烟便成了他们解闷、发泄的最好途径。

另外，受朋友影响的原因也不少。青春期的男孩子大多重义气、讲面子，朋友都抽烟，自己也不能"扫兴"，所以在你来我往中就吸上了。比如，同寝室的人或几个要好的朋友在一起，如果有人递烟，大多数孩子尽管不会吸，但因为"不甘示弱""逞强好胜"等心理也会坦然接受；也有一部分学生不想吸烟但又不好意思拒绝，"想合群"的心理使他们不得不吸一支。

球王贝利的抽烟经历

有一天，小贝利和伙伴们在树下偷偷抽烟。不巧的是，贝利被路过的父亲看见了。可父亲并没发火，而是回家后问贝利："孩子，你还记得你的理想吗？"贝利说他记得，他要做一名优秀的足球运动员。父亲说，记得就好，随后从兜里掏出几张破纸币，说抽别人的烟总归不体面，想抽就自己去买吧。

贝利顿时脸颊发热。父亲为了养家，每天辛苦地干活，他知道这钱来得不容易。这时父亲提高声音对贝利说，如果你想做个没出息的烟鬼，就拿这钱去买烟，如果你想成为世界级前锋，就要在乎健康，否则你的理想会变成泡影。几天后，当伙伴们又来找贝利，诱惑贝利说："这可是真正的美国货呀。"贝利坚定地回绝了。后来，经过努力，贝利成了世界球王。

很多爸爸发现孩子抽烟，都会抑制不住自己的怒火当面训斥孩子，甚至还会拳脚相加。但青春期本来就是一个充满叛逆的阶段，孩子极有可能为了反抗父母而继续抽烟，甚至变本加厉。

苏霍姆林斯基曾说过："有时候宽容引起的道德震动比惩罚更强烈。"

当我们发现孩子抽烟，要给予宽容和尊重，让孩子认识到吸烟对他产生的影响和危害。

写给爸爸的话：孩子抽烟，我们应该怎么做呢

我们作为爸爸，首先要以身作则，不在孩子面前抽烟，为孩子营造一个健康的家庭环境。如果家里都没人吸烟，可孩子还是偷偷地吸，我们要怎么做呢？

关注孩子吸烟背后的原因

对于因为成绩不好、学习压力大而抽烟的孩子，我们要多鼓励多肯定，多发现孩子在其他方面的长处，帮助孩子建立自信，减少吸烟行为。对于因为家庭关系、内心苦闷而抽烟的孩子，我们要多与孩子进行沟通，了解其内心真实想法，让其感受到家庭的温暖。内心的踏实和安全感对孩子告别吸烟有着巨大的帮助。

在轻松平等的环境中进行交流

青春期的孩子常常会出现对父母的抵触情绪，如果谈话场所不恰当，说出来后可能适得其反。青春期的孩子自尊心非常脆弱，需要我们细心呵护。所以一个轻松的环境是非常重要的，比如在美味佳肴面前，和孩子一边聊互相感兴趣的话题，如球赛、服装等，一边故作不经意地谈论某种成年行为，如吸烟的优缺点是什么，让孩子学会分析判断社会的各种现象。

帮孩子找到更好的舒压方式

我们要在对孩子严格管控的基础上，帮助孩子找到更合适的舒压方式。对于经常吸烟的孩子，我们需要给予其更加丰富多彩的生活，鼓励孩子多参加社会公益活动，动员身边的长辈、朋友来提醒孩子戒烟。我们还可以举一些孩子敬重、欣赏的人戒烟的例子，也可以让孩子看看爸爸是怎样谢绝朋友递过来的香烟的，以身作则。

在平时的生活中，我们要多找时间与孩子沟通、交流，多陪陪孩子，也要多给孩子一点儿关爱，多一点儿亲情，以满足孩子的精神和情感需求。如果我们做到了，孩子出现吸烟等各种问题的概率会大大减少，这可以说是一个从根源上解决问题的办法。

6. 青春期孩子热衷于打扮怎么办

孩子爱美本没什么错，但爱美过度就不好了。有些孩子每次出门前，都要花上半小时去试穿、搭配衣服。有些孩子平时在家也是不停地折腾自己的头发和着装，极大地浪费了时间和精力。

青春期孩子开始爱美了

小慧的爸爸最近非常烦恼，自己刚上初一的女儿小慧经常涂口红、擦粉底，还戴"美瞳"去上学，完全不符合学校对仪容仪表的要求。老师多次劝小慧不要再化妆了，可小慧不听。老师对此也很头疼，于是打电话让小慧爸爸妈妈敦促小慧改正。尽管爸爸妈妈和老师多次批评，也没收过化妆品，但是小慧不仅没有改正，还对父母、老师的干涉心生怨气，这让小慧爸爸不知怎么办才好。

有些孩子进入青春期后，特别关注穿衣打扮。男孩子会开始弄头发，穿奇装异服，女孩子开始化妆。心理专家表示，青春期的孩子已进入性发育较迅速的阶段，会非常注重自我形象，渴望得到异性的欣赏。专家认为："这是规律性的变化，很正常，是孩子对自我性别的认同和接纳，是性成熟的表现。"

父母再担心，也不要大动干戈

很多父母都为孩子爱打扮而担心不已，并对这个问题持反对态度。他们认为孩子爱打扮可能会带来安全隐患。女孩子打扮得漂漂亮亮容易引人注意，尤其在青春期更容易分散注意力。比如她们会比同龄人更容易陷入早恋，甚至会因为漂亮的打扮而引起坏人的注意。

还有的父母觉得，孩子精心打扮自己会浪费时间，影响学习。而且，很多家长还有另外一种刻板印象：化妆＝坏孩子，家长认为只有坏孩子才会涂脂抹粉。

小艺在上初二的时候，班里面的女生都流行在脑袋的一边扎一个歪歪斜斜的马尾辫，并且无论天儿冷不冷，都把袖管给挽起来。可是小艺是个乖乖女，不敢这样打扮。她每天都是乖巧地扎着俩小辫子，衣服也穿得整整齐齐。

小艺非常羡慕这种打扮。终于有一天，她也和其他人一样挽起袖管扎了一个歪歪的马尾辫。然而，小艺却被她的爸爸打了一顿。小艺的爸爸还去小艺的学校找到老师，说是自己女儿学坏了要老师负责，闹得很厉害。

小艺原本的学习成绩很好，可是从那之后，不仅成绩下滑不止，她还开始和那些校外的"小混混"在一起，初三上学期就退学了。

女孩子开始过度打扮自己，那或许只是出于好奇罢了，父母千万不要为此大动干戈。其实，爱美之心人皆有之，不管是成人还是孩子。

写给爸爸的话：关于孩子热衷于打扮，我们怎么做

孩子表现出性别认同是好事，家长不需要过度担心，但是要给予适当的引导。比如，告诉孩子成人的化妆品对他的肌肤非但没有好处，还有伤害作用。还可以带孩子多参加一些有关美的活动，比如看一些艺术展等。家长要尊重孩子爱美的需求，也要引导孩子欣赏美。此外，我们还可以做什么呢？

买衣服时参考孩子的意见

青春期的孩子，特别是女孩，对衣服要求会有自己的一套标准，颜色的选择、款式的选择等都有要求。父母不要私自做主，给孩子选择所有的衣服以及鞋帽等，要给孩子选择并发表意见的权利。但是一定不能随她的心意想怎样就怎样，在她选择的基础上，如果你觉得没什么问题，那么可以同意。如果你觉得衣服不适合她这个年龄，那么你就要提出不同的意见，并根据她的喜欢给她重新推荐。这样一来，孩子也会接受，并且不会觉得你不讲理。

允许孩子在家随便"臭美"

小彦特别喜欢妈妈的化妆品和漂亮的衣服。而小彦妈妈会在星期天休息的时候，让小彦穿一穿她的那些漂亮衣裙，化妆品也让她随便涂抹。有时候小彦打扮得千奇百怪，就和妈妈就一起哈哈大笑。

如果你的孩子也对化妆品非常感兴趣，你也不必非常强硬地制止。与其让她在外边自己偷偷买，不如你给她买，这样也可以避免她买到假冒伪劣产品，伤害皮肤。等孩子不上学、不出门的时候，让她随意涂抹，满足一下她的好奇心也好。

不要让孩子穿着暴露

有一个初中女孩子，在夏天穿着一条黑色透视超短纱裙，领口也非常低，完全是成熟女性的装扮。她走在路上，不论是学生还是路人，都会用异样的眼光看着她。

我们作为家长，千万不要觉得孩子打扮得漂亮、回头率高是好事。这个阶段的孩子，还不是要"回头率"的时候。况且，作为一个青春期女孩，如此穿着在学校里有很多不便。如果你的女儿自己喜欢这样的衣服，你一定要严厉制止，更不要给她选择这样的衣服。

告诉她最美的是青春期活力

青春期的孩子，最大的资本是青春活力，如果学那些明星穿衣打扮，涂脂抹粉，只会把自己化得越来越老气。

正处在这个年纪的孩子，还不懂得美的真正含义，只是一味地模仿别人。所以作为家长，我们要对她进行正确的引导，告诉她到底什么才是美，她这个年纪的美，又是怎么一回事。

另外，如果发现自己的孩子过分注重外在的打扮，我们也需要检查一下自己是不是在平时的言谈举止中，给孩子做了这样的示范。处于青春期的孩子在人格完善方面尚需引导，我们要将一些道德观念更加具体化地传达给孩子。比如，表扬孩子衣物整洁干净，而不是打扮漂亮。

7. 青春期孩子总是与人打架怎么办

青春期的孩子容易冲动，尤其是男孩，他们听不进不同的意见。他们遇到冲突和口角就会激动、易怒，不能理性地控制自己，总想和别人比个高低。打架就是最常见的表现形式。如果孩子总是用打架的方式处理问题，就会出现人际关系紧张、社交困难，严重者还容易走上违法犯罪的道路。

青春期男孩为何崇尚武力

在网络或媒体上，我们经常能看到这样的新闻：

一名即将参加高考的男孩，因为一点儿小事和同学发生冲突，一怒之下，拿起水果刀向同学刺去。结果，在警察局里，他度过了高考的那几天……

面对这些新闻，父母除了气愤，更多的应是深思，为什么青春期的男孩如此热衷于武力呢？为什么青春期男孩如此有攻击性呢？

其实，原因很简单。青春期男孩的这些行为与他体内分泌的大量雄性激素有直接的关系。在雄性激素的影响下，青春期男孩更爱冒险，更喜欢竞争，更爱挑战，更爱运动，自然他们也更容易冲动。他们绝对不愿意安静地坐着，乖乖地学习。

当然，青春期的男孩崇尚武力还与男孩要"面子"有关系。青春期男孩具有非常强烈的自尊心，非常看重"面子"。在他们看来，被别人白了一眼、踩了一脚等行为是故意让他们出丑，伤害他们的"面子"。他们认为如果不还以颜色的话，别人就会认为自己胆小懦弱，从而瞧不起自己。正是受这种想法的影响,青春期男孩很容易冲动,且攻击性强烈,崇尚用拳头"说话"。

青春期的男孩身上普遍存在着一些错误的观念。比如,"我是男人,怎么能先低头呢?"有些男孩觉得任何形式的妥协和道歉都是失败的,都会矮人一截,肯定会遭到别人的耻笑。因而,他们必须要在打斗中赢得胜利,这才能证明自己"不比别人弱";有些男孩则认为在冲突中,不管谁是对的,谁是错的,只有获胜的那一方才能令人信服。

平时在家常挨打的男孩

美国的心理学家曾对700名孩子进行了长达23年的追踪研究,他们发现,经常被大人打骂的孩子多有打架行为,并且幼年时期经常有打架行为的孩子,青春期会有暴力行为的倾向,比如打群架、殴打别人、嘲笑戏弄别人等。

有的爸爸说,我跟孩子讲道理,孩子不听,即使这次听了,下次就忘了,只有打才能解决问题。事实上,打骂孩子后认为孩子的行为有所收敛是错觉,这是为什么呢?

对于孩子来说,无论对还是错,大人的打骂行为都会影响亲子关系,可以说打在身上有多疼,孩子对大人就有多恨。因为身体的疼痛会让孩子觉得"大人不爱我了",甚至会促使孩子为自己的错误找借口:"我晚一点儿写作业,至于要打我吗?""我不就是往地上洒了点儿牛奶吗?你至于这么生气吗?"

身体的疼痛只能让孩子对大人的暴力行为感到恐惧,为了避免挨打,孩子通常会撒谎,继续在暗地里搞不良行为但不让大人发现。比如孩子损坏玩具而被打骂了,以后他们在大人面前会假装爱护玩具,但私底下可能将玩具搞得乱七八糟;比如你因孩子打别的同学而打骂孩子,后果可能是孩子在大人面前规规矩矩的,但会在私底下狠狠地打这个同学泄愤。

美国心理学家经过一系列的实验研究还发现,攻击是观察学习的结果。由于孩子的模仿性强，是非辨别能力差，他们很容易模仿其周围的人的打架行为，或是影视镜头里人物的攻击行为。有资料表明，如果孩子经常看见父母打架，或看暴力影视片，玩暴力网络游戏，他们的攻击性心理就会得到加强。

写给爸爸的话：如何制止孩子的打架行为

青春会让人联想到热血沸腾，然而旺盛的精力、敏感的心思，需要用在合适的渠道，引向正确的方向。青春期的孩子是非常需要心灵层面的疏导和理解的。打架是一个结果，但并不是问题的起始原因，找到原因，理解过程，做出正确的反应，才能让孩子健康前行。那么，我们应该怎么做呢？

先控制好自己的情绪

一位作家在文章中写道，当我们知道孩子和人打架后，不要回到家就动粗，这样不但解决不了问题，还影响孩子的身心健康。孩子这时最需要的是爸妈的谅解，爸妈可以在双方都平静下来的时候，对孩子说："我们现在很理解你的心情，你可能当时没有把握好情绪，才做出了这件你也不想看到的事情，对吗？"父母这样的态度，孩子一定会欣然接受的。

教孩子正确宣泄情绪的方法

青春期的孩子心思细腻，情绪容易起伏，然而烦恼、挫折、愤怒都很容易引起攻击行为。如果孩子想哭的时候，被父母斥责"哭什么哭"，或者孩子诉说自己烦恼的时候，父母的回复却是"你还小，有什么好烦的"，那么，孩子情绪的出口，自然就被堵住了，就容易出现暴力攻击行为。

我们既可以教给孩子一些正确宣泄情绪的方法，如运动、阅读、听音乐、绘画等，也需要在孩子想要表达情感的时候，给孩子一个独处的空间。

创造不利于攻击行为的环境

实践证明，生活在一个有良好家庭气氛、有充裕玩耍时间以及有多种多样玩具环境中的孩子，攻击行为会明显减少。我们应为孩子提供足够的玩耍时间和玩具，而对于已经是"半个大人"的青春期的孩子来说，课余爱好也是宣泄的渠道之一。

另外，如果"打人"能够得到同学的崇拜和拥戴，会让孩子觉得打人没有什么不对。所以，当孩子出现攻击倾向的时候，我们要注重孩子心理层面的引导，听听孩子为什么要打人，找出症结，解决根本问题。

有奖有罚，让孩子懂得承担责任

爸爸谅解孩子的打架行为，并不是包庇，而是要清楚地告诉孩子："你一定要对你的行为负责，既然你当时没有考虑清楚就做了这样的事，那么出现的后果你一定要承担，包括被打伤孩子的医药费，我可以把支付的钱先借给你，以后要从你的零花钱里扣掉。"如果以后他表现出色，不再打架，我们可以再适当奖励，给他买他一直想要的东西，给他一个惊喜，这样有奖有罚，就可以让孩子知道承担责任。

"打人"是很多孩子发展的必经之路，如果我们父母引导得当，孩子的行为会得到控制，而且还会学会如何和人友好相处，如何正确表达自己的情绪。其实，处理这个情况本身也是我们父母的情绪修炼。

8. 青春期孩子离家出走怎么办

离家出走好像已经成了青春期孩子的"家常便饭"，甚至已经成了某些孩子对抗父母的"法宝"，他们稍有不如意就愤然离家，恨别父母。而他们的父母却好像是热锅上的蚂蚁，坐卧不安，心急如焚，寝食不宁。

只顾批评成绩，容易激发逆反心理

正读初二的小珊讲述了她一次离家出走的经历："爸爸经常会因为学习的事情批评指责我，并且唠叨起来没完没了，翻来覆去的总是那一套陈芝麻烂谷子的臭理论，他们说的话我都快背下来了。有一次，我实在是忍无可忍，就和他们发生了激烈的争吵，我爸爸竟然说让我滚出这个家门，他们竟然为了分数赶我出门，我都恨死他们了，为了报复他们，我狠了狠心，离家出走了。"

青春期孩子的心理特点突出表现为要求独立和获得别人的尊重。家长一句不经意的话语，就可能触动孩子敏感的自尊心，看似平常的小事，也许会引起孩子反感。家长在教育孩子时一定要给孩子足够的尊重。孩子考试没考好，本身心情就不佳，家长如果不管不顾地将孩子劈头盖脸批评一顿，孩子怎么受得了？

如果得知孩子的考试成绩不理想，我们先不要急于批评，而是静下心来与孩子交流，了解考试的具体情况，是一门没考好，还是几门没考好？问题出在什么地方？是老师讲的没听懂，还是考试时粗心大意？在孩子情绪低落的时候，家长一定要沉住气给孩子鼓励，发现其长处，肯定其优点，不断地引导、激励他，让孩子对学习充满信心，这样他就不会因为学习的事和父母对着干。

离家出走的背后是对理解和爱的渴望

在豆瓣上，有个关于孩子经常离家出走的父母交流群。一些家长讲述了他们的孩子离家出走的故事：

一位叫吴军的家长说，他的女儿16岁，是个高中生。不久前，他和妻子发现女儿的书包里有封情书。吴军要求女儿老实交代，可是女儿却缄口不言。他在一怒之下打了女儿，当时女儿就摔门而去，一晚上没回家。吴军和妻子又是报警，又是寻找，半夜才把女儿从同学家找回去。因为怕女儿再次离家出走，他们再也没敢问情书的事。

常年在外打工的徐刚说，一个月来，他的儿子小凯已经三次离家出走。每次找回孩子，问为何要出走时，孩子总是沉默不语。徐刚说，也许是自己常年在外打工，很少关心孩子，缺乏和孩子沟通，孩子才会经常出走。

一项调查显示，青少年离家出走，很多都是得不到家长的理解或是常被责骂。研究人员表示，现在很多孩子虽然和父母住在一起，但父母忙于工作，双方沟通严重不足。如果家长在某些环节上把握不好，加上青春期逆反心理作祟，孩子很容易会做出离家出走等极端行为。

艾比是一位年轻的牧师。有一天，他的儿子离家出走了。艾比实在想不通儿子为什么要这样做，就去请教一位老牧师。老牧师问艾比是不是经常诅咒自己的孩子。艾比的头摇得像拨浪鼓，他说自己怎么会诅咒自己的孩子。为什么老牧师会说自己诅咒呢？

老牧师告诉艾比："所谓诅咒，就是口说和心想另一个人让你很难忍受的错误。"艾比刚才一直和老牧师说他的儿子不爱干家务，不爱听他讲大道理，难道这不能说明他诅咒了儿子很久了吗？老牧师说："你诅咒了儿子这么久，他离开你又有什么不可理解的呢？"

艾比恍然大悟。于是他一直等着儿子打来电话。而当儿子想家了突然打来电话时，艾比并没有像以前那样上来就责骂儿子为什么离家出走，而是告诉儿子自己十分想他。在外面饿了几天的儿子在电话的另一端告诉艾比，他虽然不知道发生了什么，但是他第一次从爸爸的话中感到爸爸是爱自己的。于是他回了家，和爸爸团聚。

孩子离家出走也好，沉默怄气也好，多半是因为家长那些看似微小的行为。这些家长难以重视的小行为、小情绪，却非常有可能成为孩子离家出走的诱因。

写给爸爸的话：如何对待离家出走的孩子

孩子离家出走，往往会被父母"抓"回来。但是随着年龄和经验的增长，出走的频率和"抓"回来的难度越来越大。这让很多父母焦急难耐，却又无计可施。遇到爱离家出走的孩子，父母该怎么办呢？

先要确保孩子的安全

孩子离家出走，父母要尽快找到与孩子交往密切的同学朋友，获取准确信息，了解孩子的情况。如没有孩子的消息，立刻报警。如果父母知道孩子的行踪，可以通过中间人表达对孩子的关心，并请求中间人帮助劝说孩子回家。

平等地和孩子进行沟通

对于离家出走又回来的孩子,家长要好好与其沟通。有的家长在孩子离家出走回来后,愿意与其平等沟通,把矛盾缓和了,问题也就解决了。而有的家长则对孩子恶语相向或打骂,造成矛盾激化、升级,使孩子再次离家出走。

父母多与教师以及孩子的同学接触

我们在与孩子的老师和同学的谈话中,可以知道很多关于自己孩子的情况,有些异常表现也会提早得知,能及时采取措施,提前预防。我们在与老师、孩子的同学接触时应自然、坦诚,以保证获得信息的真实性。

作为父母,我们要了解和重视孩子的成人感和自我意识,尊重孩子自主自立、努力成长的意愿。我们在平时也要对他们少一些限制,多一些肯定、鼓励和支持,使他们意识到,离家出走并不能解决问题和摆脱困境,还有很多更积极、更具建设性的解决问题的途径。

9. 青春期的孩子为什么会自杀

2017年的高考过后,发生了几起考生自杀的事。其中,最受人瞩目的是四川达州的学生小斯(化名)的自杀事件。小斯在跳河前留下了一篇长长的遗书"控诉"自己的父母。遗书里面都是一些平常生活里的"小事儿":

"第一次月考全校73名,打电话的时候跟我爸爸说了,我爸爸说才73名啊,呵呵。我在电话另一边都快气哭了。学校里竞争多激烈,其他同学考到前600名家长都有奖,而我呢?

"我就故意不学习,考差点儿,希望我爸能问问我之类的,稍微改改,然而打电话第一句:你是不是不想在达州读了?

"小的时候我有一次因为一直吵着说要喝他带回来的花生牛奶,他当时心情不好,一巴掌把我鼻血都打出来了。"

……………

对于这篇报道，不少孩子在网络上留言，说是自己也遭遇过类似的经历，很理解甚至很佩服小斯的选择。

父母的态度对孩子伤害有多大

进入青春期的孩子，随着大脑及身体各器官的发育成熟，生活体验加深，开始有自己的思维方式和习惯。他们自认为自己已经长大，心理上想独立，对于"自我"的体验和感受非常强烈，热衷于思考自己的优点和缺点；同时又经常夸大自己的缺陷，觉得自己不够"完美"，因相貌上的小小缺陷和学业上的小小失败，就自认为低人一等，而把他人看得过高，产生劣等感，变得孤僻。

此时，如果父母不安慰他们、体谅他们，就会让他们对自己产生怀疑，觉得再也没有人信任自己、在乎自己了，从而加速了他们厌世的情感。

网友曾经总结了那些导致孩子自杀的父母的共性。比如，有些父母不是那么善于温柔地表达感情；有些父母太看重自己的权力，要掌控子女成长的方向；有些父母因为自己小时候没有被善待，就把这种方式自然而然地传递下去；还有的父母平常与孩子的沟通不够，代沟出现了，却没有去弥补……

心理学家徐岫茹说："家庭是社会的细胞，预防青少年自杀必须从家庭做起。事实上，每个轻生者采取行动前都是有预兆的，而家长的关注点往往更多在学习方面，孩子的精神状态和自我表白常被忽视。"所以我们要经常关注孩子的精神状态，在平时的生活中对孩子进行教育，以免孩子做出极端的行为。

另外，根据美国国家精神健康研究院的研究，青少年自杀的诱因常常是"失望、失败、被拒绝等，如和女朋友分手、考试成绩不理想或者家庭纠纷……"背后真正的原因，则可能与精神疾患、家庭压力、环境风险或情境危机有关。

关于生命教育，你了解多少

在一场"追问生命尊严"的专题圆桌会上，白岩松说道："中国人讨论死亡的时候简直就是小学生，因为中国从来没有真正的死亡教育。"而在欧美等发达国家，死亡教育是一门正式学科，从20世纪50年代开始，死亡教育探讨人们之间的人际关系以及人与世界之间的关系；死亡教育帮助人们深入思考这些问题，增进人们生命及人际关系的品质。到上世纪70年代，美国已有600所大学、1500所中小学提供死亡教育课程。

一位陪同孩子参与过一堂美国死亡教育课的家长说，当时，老师带着孩子们来到郊区的一家殡仪馆。在小广场上，静静地放着一口黑漆漆的棺材。

体验课老师由一位牧师担任，他邀请孩子躺进棺材，感受离开这个世界的过程。在棺材里的孩子，会听到耳边奏起哀乐。最终，孩子将在仿制的墓碑上写下墓志铭……

美国精神心理学家史蒂芬·孙谈道："中国人回避讨论死亡，青少年的自杀问题没有受到正视，也令政府没有足够资源来推动防止自杀的工作。青少年的区别不在于他们是否遇到失败或悲伤，而是他们是否有能力成功地应付失败和悲伤。"

写给爸爸的话：有必要和孩子聊聊死亡

我们害怕死亡、避讳死亡，就连"4"这样的数字在我们看来都很"不吉利"。可是终究有一天，我们和孩子都会面临这个难题，与其到那个时候让孩子过度沉浸在悲伤中，我们不知道怎么安慰，不如从小就让孩子用客观的、可参与的、轻松的方式来认识死亡。那么，父母要怎么做呢？

主动与孩子谈论死亡

在死亡的问题上，其实孩子很小的时候就会主动跟大人提出来，比如看电视时有人去世，这时我们不要着急换台或关电视，最好是与孩子就死亡进行讨论，比如问问孩子怎么看待死亡。让孩子通过这些电视内容，明白生命是有限的，是不可逆的。如果没有这样的交流，我们不只失去了一个教育孩子的机会，还很有可能让孩子因为艺术的虚构，而产生对死亡的误解。

让孩子明白生命的意义

我们可以首先从让孩子明白生命的意义。我们可以采用科学的方法，比如带孩子去看些科普书籍或画册，如《爷爷没有穿西装》可以让孩子理解死亡是一件不可避免的事情，《一粒种子的旅行》能展现给孩子一粒种子从出生到凋零的全过程。同时我们还要教导孩子热爱生命，让他养盆花草、养只宠物，在这个过程中让孩子认识到生命的珍贵，让孩子了解到不仅要珍惜自己的生命，同时也要珍惜别人的生命。

带孩子参加告别仪式或追悼会

我们中国人因为习俗的关系，不太愿意让孩子接触祭祀等活动，怕孩子因此对死亡产生灰暗的心理或恐惧感，但我们也要知道，这个仪式对于孩子认识死亡来说是非常重要的，因为亲人离世对孩子的打击非常大，一方面，自己亲近的人突然去世了，他会感到孤单、无助；另一方面，看到大人伤心痛苦，他自己内心的恐惧感会加深。

因此让孩子通过参加仪式知道人的生命从此结束，也可以让孩子对这个亲人的情感因此做一个了断。很多家长不让孩子参加仪式，不知道这个仪式对孩子认识生命死亡、告别亲人有着重要意义，孩子就可能会陷入对于死亡的困惑和失去亲人的痛苦。

现如今，孩子已经不缺少知识技能和思想品德的教育，缺少的是对生命的正确认识。面对孩子频频自杀的情况，我们作为父母，对孩子的生命教育应越来越重视，积极地帮助孩子认识死亡，给孩子一颗珍爱生命的心。

第十一章 陪伴的力量,你当温柔且坚定

1. 总是忍不住对孩子发火,事后又后悔

"你怎么这么不让人省心!"
"快给我闭嘴!不许再叫啦!"
"离我远点儿,别来烦我!"
"再哭就把你扔出去!"
……

有时,我们在怒火中烧的时候会对孩子口不择言,虽然每次说完后心里都万般后悔,看着孩子可怜巴巴的眼神心里也是无尽的疼。我们也曾无数次地告诫自己,管住自己的脾气,对孩子如此暴躁真的不好!但是就是忍不住……

你为什么忍不住冲孩子发火

如果总是因为一点儿小事就大吼大叫,对孩子非打即骂,就要寻找自己行为的根源,弄清楚自己发火的原因。

脾气差、容易发火的人，童年经历往往有两个特征：一是身边有个爱发脾气的人，二是内心常常有委屈感。正是童年时代的这两种遭遇，埋下了坏脾气的隐患。回想一下，是不是我们小的时候，父母就对我们大吼大叫？在原生家庭的影响下，"坏脾气"被我们复制下来，并且即将要影响我们的孩子了。

　　迁怒于人也是我们冲孩子发火的原因之一。我们可能在老板或同事那里受气了，回到家把不满和怒火发到孩子身上。为什么我们不轻易对外人发火？却动不动对孩子大吼大叫呢？

　　因为我们把外人当独立的主体对待，我们能意识到自己的冲动将会造成的后果，即关系的破裂。而对于孩子呢？我们会把孩子当成自己的"东西"，无论如何对待孩子，我们始终是孩子的爸妈，孩子也不会离我们而去；同时我们也会主观地认为，孩子天性散漫，需要父母的"教育"，严厉代表着爱孩子。所以，我们常常表现出对"别人"更有耐心，对自己的孩子缺乏耐心。

　　还有就是对孩子的行为，我们没有找到好的解决办法。也就是说，遇到问题，我们不知道如何解决，只能以发火让孩子终止行为、平息事件。

　　我们总发怒，也可能是因为身体健康状况出了问题。很多父母都承受着巨大的压力，睡眠不足，匆忙吃饭，没有时间锻炼。这些影响健康的生活方式，会让我们更加焦躁和易怒。

常发火会给孩子造成哪些危害

　　德国有一本知名的绘本叫作《一生气就大吼大叫的妈妈》，书中一只小企鹅在面对妈妈发火时吓得全身都散架了，身体的各个部分落在不同的地点，这暗示着孩子的种种情绪变化，比如内心充满恐惧、容易神游，也容易贪食、过量进食，想要紧紧抓住某人或某物，想表达，但大人没能聆听和理解，心里很迷茫……最后，即使妈妈开着大船来，把小企鹅那些丢掉的部分给找了回来，并重新缝好连上，但孩子受过伤的心灵是无法弥补的。

爸爸常常吼叫，会导致孩子没有主见。发脾气意味着不存在平等的沟通，一方希望通过不良情绪达到威慑对方的目的。即使这时孩子有自己的看法和想法，也不敢反抗父母或轻易表达，并且处于坏脾气中的家长，也容易有打孩子的倾向，敏感的孩子能轻易觉察到，他们在发脾气的父母面前，唯有服从顺从才是最好的自我保护的方式。

长此以往，孩子会变得胆小、唯唯诺诺，事事听从父母。因为长期的经验告诉孩子，反抗或提出异议，稍不留神便会激怒父母。

爸爸经常吼叫，还会使孩子没有安全感。父母发脾气时，孩子感受到的是父母的冷漠和对他们的不理解，继而感觉到与父母间心灵的隔阂，连最爱自己的父母也"远离"自己，内心再也没有依靠，安全感坍塌，由此带来的孤独感充斥心灵。他们会在父母面前架起一座心灵的屏障，收起交流的触角，亲子关系也会渐行渐远。

爸爸经常吼叫，也使孩子的脾气不好，性格暴躁。父母经常通过发脾气让孩子做事情，会给孩子带来误解，认为这就是解决问题的方式。以后孩子的性格也会变得火爆、任性、冲动，甚至很容易和别人发生分歧。

写给爸爸的话：如何停止发火

好的情绪有助于建立良好的沟通，防止事态的扩大。发火除了满足自己的私欲，解决不了任何问题。我们在给孩子讲事情时要温和、有理有据。那么我们应如何停止发火呢？

暂时离开孩子 15 分钟

当我们的怒火被孩子点燃准备爆发时，这时可以和孩子暂时分开 15 分钟。在这 15 分钟内可以浏览一下网页，听听音乐，刷刷微信、微博，去外面走走或者给好友打个电话聊天等。15 分钟后，情绪就会冷静下来，变得理性，该怎么做不该怎么做就能很清楚了。

深呼吸，学会自我放松

当我们对孩子的行为产生愤怒时，自我放松是调整情绪的有效办法。其中最容易操作的方法就是深呼吸。深呼吸会让情绪从消极状态回到正常状态，从而更为理智地解决问题。在深呼吸的同时，放松全身，并在头脑中想一想孩子行为的正常性与可塑性，会更好地缓解自己的情绪。

字条仪式

我们可以写两张字条，第一张把自己坏脾气的可恶之处列出来，这张字条就象征着自己的坏脾气。第二张写下自己改变坏脾气的愿望，以及有提醒作用的一两句话，这张字条象征自己的决心。然后把第一张狠狠地撕碎或烧掉，象征着把自己的坏脾气埋葬掉。第二张要贴到墙上或放到其他自己方便看到的地方，规定自己不管在什么情况下，只要想发火，必须先跑去看这字条，看完了再决定发不发火。

或者我们已经开始发火，突然想到字条，也要跑去看看。若字条有效控制了火气，给自己一点儿奖励，让自己高兴；如果看过字条后不管用，还是想发脾气了，也不要气馁，把这一张撕了，重新写一张，重新给自己鼓劲。将看字条这个行为一直坚持下去，经常在心里复习一下上面提醒自己的话，坏脾气一定能被有效抑制。

2. 冲孩子发火后，如何快速修复亲子关系

在与孩子相处的过程中，父母难免会因为孩子的不懂事、不听管教而对孩子大发雷霆，有的时候情绪激动甚至会大吵大闹。事后，虽然会很后悔，却不知道该怎么做，或者会想当然地认为，自己发火都是为了孩子好，孩子应该原谅自己。事实可能是，孩子并不会主动原谅你。

发火后,为什么要善后

在 2017 年 7 月 9 日央视公益寻人节目《等着我》里,84 岁的父亲和 79 岁的母亲,向自己的儿子小海致以真诚的歉意,并请节目组帮忙寻找"消失"的儿子。

在 23 年前,这对父母收到了大学毕业的儿子寄来的一封"断绝关系"信,从此再无音信。他们的儿子在信里说,因为父亲对他的教育极为严苛,他想要摆脱父亲的操控,成为一个有人格尊严、能自由追求自己生活的人。

小时候小海不小心把屋顶的瓦片踩碎了,父亲就罚他在邻里面前下跪。上初中时,有个女同学向小海借了钱,小海的父亲知道后,找到了那个女同学,差点儿令她退学。从此这位女同学碰到小海都躲着走,再也不敢打招呼。大学时,小海的父亲认识小海的所有老师,轻而易举就能打听到小海的在校情况。有次他还要求小海追求他指定的某个女生。

《等着我》节目组后来找到了现今 47 岁、依旧单身的小海,但他的回复令这对父母很心寒。他说,不想见、不愿意见、厌恶见到自己的父母。这对已经到耄耋之年的小海的父母,都是大学的退休教授,但是他们在小海幼年时留下的伤痕,就连时间也无法抚平。

如上的例子或许太过极端,但家长有时候确实会伤人。豆瓣上有一个"父母皆祸害"小组,有人做了一个"父母最让你不能忍受的行为"调查,排名前三项分别是:

贬低打击嘲讽子女;

拿别人家的孩子来"刺激"自己;

认为自己总是正确的。

这些在父母眼里看似"平常"的事,给孩子成长留下了怎样的影响,我们不得而知。但这个豆瓣小组里流行这样一句话:父母在等我们道谢,而我们在等父母道歉。

写给爸爸的话：发火后，要用行动修复关系

杨澜在谈子女教育时说过，不要做情绪化的父母。或许成人的世界有众多不愉快的事情，可你的孩子是无辜的，他不是你的"出气筒"，不要把生活的不满发泄在孩子的身上。父母对孩子大动肝火，会对孩子的心灵产生严重的伤害，而且会让孩子觉得"爸妈不爱我了"。那么我们忍不住发火后，怎样和孩子重修旧好呢？

先原谅自己

我们冲孩子发火往往都是有理由的，所以发完火不要急着去哄孩子，首先要反思自己究竟为什么会对孩子发火，冷静下来，究其原因，把自己的心态放平静，无论是什么原因，要弄清楚自己情绪失控的原因，避免自己下次再犯同样的错误，不要过于责怪自己，平静最重要。

及时道歉

必要的时候，我们要勇于对孩子说一声"对不起"，这并不会让我们没面子。因为有心理学研究指出：在一个家庭内，并不是家长做到一贯正确就能树立威信，其实，威信靠的是实事求是、严于律己，这样才能取信于孩子。

告诉孩子自己当时的感受

我们不要单纯地道歉，因为有时候孩子很可能并不明白我们的责怪，甚至感觉莫名其妙，因此，我们平静下来之后找孩子道歉时要告诉孩子，自己对他做的某一件事情感到很失望或很不高兴，让孩子明白父母是不得已才发脾气的。

而且，我们要针对事情本身进行道歉，比如告诉孩子家长发脾气因为他不守信用长时间看电视。要学会装可怜，最后告诉孩子自己不该冲他发火，孩子这时候很可能会反过来安慰父母，也会认识到自己的错误。

询问孩子希望自己怎么做

我们可以询问孩子如果他再犯同样的错误，自己又很生气该怎样对他，孩子会有得到尊重的感觉，会告诉爸爸自己不会再犯同样的错误，同时也会原谅爸爸发脾气。

感谢孩子的原谅

如果孩子最终原谅了我们的行为，要对孩子进行感谢，这样可以从孩子心底抹去阴影，将影响降到最小。

在孩子成长的过程中，我们有时候难免会发火，但一定要学会自我反省，进行思考，和孩子一起共同成长，这才是教育孩子最优秀的办法。

3. 将积极倾听的技巧进行到底

许多时候，孩子并不需要父母的指导和教训，他们需要的是有人倾听他们的诉说，有人理解他们的感受。他们需要在受伤的时候、沮丧的时候、愤怒的时候或者兴奋的时候，有人能和他们一起分担或分享。

倾听孩子的心声，正是从精神和感情上关怀孩子、与孩子建立亲密关系的重要方式。应该说，面对孩子的时候，父母的耳朵比嘴巴更重要。

大多数爸爸都是说多于听

许多家庭经常是"父母说，孩子听"，没有留给孩子倾诉的机会和时间。很多父母非常善于说，一有问题就会对孩子长篇大论，讲道理、摆事实，旁征博引，一件小事说起来没完没了，根本就不给孩子说话的机会。这种"唠叨型"父母自认为说得越多对孩子越好，殊不知，孩子已经听够了这些好心的"无用"之语。说得多不仅起不到教育的作用，反而会让孩子因为唠叨对父母产生反感。

还有的爸爸总是自以为是，认为自己说的都是对的，当孩子提出异议的时候，不但不会听取孩子的建议，还会无情地打断孩子，甚至还会指责孩子："小孩子，懂什么，别瞎掺和，赶紧写作业去。"孩子想说而不让孩子说，剥夺孩子表达的权利，这种做法会对孩子的成长造成不良的影响。

当孩子想说而不让孩子说的时候，对孩子是一种伤害；当父母想让孩子说的时候，孩子却怎么也不说，这对父母又是一种无奈。因为，当孩子要说的时候，是父母的命令、指责、挖苦打击了孩子稚嫩的心灵，让孩子把心灵的大门永远地关闭了。他们再也不会听从父母的说教，因为他们已经有了自己的小主意，已经不再相信父母的话了。

积极倾听有哪些好处

有一位爸爸的声带上长了结节，医生让他至少10天不许说话。一天，儿子放学回家，一进门就大声嚷嚷道，他恨死老师了，再也不去学校了。如果平时听到儿子这么说，这位爸爸一定会严厉地训斥他。但是，这一次他没有这样做，因为他不能讲话。

儿子看样子生气极了。不一会儿，他来到爸爸的身边，趴在爸爸的膝盖上，哭着向爸爸讲述了今天发生的事情。他告诉爸爸，在课堂上，语文老师叫全班同学写一篇作文，他只写错了一个字，老师就嘲笑了他一番，结果全班的同学们都笑他，使他感到很没面子。

这位爸爸依然没有说话，只是静静地搂着难过的儿子。儿子沉默了几分钟，从爸爸怀中站了起来，平静地告诉他，他要去公园了，同学们还等着他呢。他无比真诚地说："爸爸，谢谢你听我说这些事。"此时，这位爸爸体会到了"沉默"和倾听在亲子沟通中的重要意义。

英国教育家赫伯特·斯宾塞曾经说："给孩子诉说的机会，认真倾听孩子的话语。这样父母能更多地了解孩子，并对孩子不正确的思想与做法及时进行纠正与引导，使孩子一直走在健康快乐的身心成长之路上。"

父母多倾听孩子的需求，才能多了解孩子的情况和想法，不会在自己没了解实际情况前去做错误的决定，去发表不恰当的言论。如果父母不倾听孩子的需求就做决定，会让孩子觉得父母武断。在生活中，因为倾听，我们和孩子之间产生的误会会变少，相处得也会更加和谐。同时，我们也可以了解到孩子的真正想法，察觉孩子的心理变化。

孩子感到自己倾听，就会觉得父母是关注和尊重自己的，这可以让亲子关系更加融洽。父母要鼓励孩子多述说自己的事情，然后认真倾听，我们会发现，在这个过程中，我们会听到孩子前所未有的想法和一些有建设性的建议。

如果孩子长期被倾听，就会觉得自己有提出意见的权利，这样，遇到事情，孩子就会独立思考，甚至提出解决问题的方法。

再一点，引导孩子诉说，也可以锻炼孩子表达的能力，孩子会在和父母对话的互动中，开发自己的思维能力、语言能力、沟通能力。

写给爸爸的话：如何积极倾听

倾听，是每一位父母都要掌握的一种沟通技能，也是父母走进孩子心灵的一道桥梁，和孩子建立良好关系的一条纽带。只有会倾听的父母才能称得上称职的父母，只有善于倾听的父母才能够真正地帮助孩子，在孩子成长的过程中起到引导的作用。那么，父母应该如何倾听呢？

给孩子倾诉的机会

现实生活中经常是孩子没说几句话，父母就给否绝了。然而，当孩子什么都不对我们说的时候，我们又开始指责他。其实，这一切都是我们造成的，是因为我们没有给孩子倾诉的机会。因此，我们要静下心来倾听孩子的心声，做他心中最忠实的倾听者。这样，孩子对我们的信任会越来越深，也会越来越愿意向我们诉说他的心里话。

不打断孩子，耐心听

其实，很多时候，孩子向我们倾诉他的心声，并不是要我们帮助他解决什么事情，而是为了宣泄。这时候，我们不要去打断孩子，要耐心倾听他的心声，给他精神上的安慰和支持。

带着感情听

如果我们在听孩子说话的同时，还表达一些这样的评论："我明白""你一定很不开心""真棒"，那么我们会让孩子感受到，他的话对我们真的很重要。

积极地参与

除了仔细聆听外,我们还应该及时表达出自己的反应——当我们同意他说的什么事情时,就点点头,或者微笑;当孩子说出某件让他伤心的事情时,就应该表达出难过的样子。这样做,会让孩子知道我们不仅在听他说话,还在琢磨他的话。

4. 任何时候都不要恐吓孩子

"再不听话,就把你扔出去!"
"不要和小朋友打架,不然回家不许吃饭。"
"再这样淘气,警察叔叔就来抓你啦。"
"不好好上课,老师就会把你关起来。"
…………

这是大人们对不听话的孩子经常说的话。"恐吓孩子"往往是我们教育孩子的手段之一。一组数据显示,在调查的700位家长里面,有619位家长都采用过恐吓的方式管教孩子,而且立即见效、屡试不爽。

没有经历过恐惧或者早就已经忘记的我们,大概不会知道在孩子幼小的世界里,恐惧带来的负面影响究竟有多么严重。

恐吓孩子真的有效吗

很多父母想通过恐吓的方式让孩子听自己的话或达到他们想要的目的。但是恐吓真的有效果吗?

著名的"虎妈"蔡美儿在提到自己教育女儿时,讲过这样一个故事。

蔡美儿对两个女儿要求都很严格,除了要求她们成绩要特别好之外,她还要求她们每天按照规定练琴。她的大女儿就比较听话,总是能认认真真地练琴。但是她的小女儿就很叛逆,总是不听她的话。

有一次蔡美儿要求小女儿练琴,小女儿不肯。于是她就威胁小女儿说:"如果你不肯练琴,我就把你扔到外面去。"当时外面天气很冷,小女儿穿得又很少,蔡美儿以为这样做小女儿一定会服软。但是没想到,小女儿倔强的脾气上来了,真的自己走出门去。

最终,蔡美儿因为不忍心看女儿受冻,只好主动跟女儿让步:"看来你已经知道自己错了,你回来吧。"

"恐吓"孩子即使一时收到成效,孩子也并未心服口服,只是碍于家长的威严不得不屈服罢了,迟早有反弹的那一天。当然,如果我们的孩子跟蔡美儿的女儿一样倔强,只怕根本不会有任何效果。

恐吓孩子会产生非常严重的后果

恐吓会让孩子缺乏安全感,进而产生各种心理障碍。比如一个小孩听爸爸说不要他了,就会信以为真,绝不认为那是一句戏言。因为在孩子的眼里,父母就是整个世界,父母不要自己了,意味着自己会失去依赖,进而产生"被遗弃感"。

当我们用其他的"可怕形象"来让孩子听话,会造成孩子对周边环境、社会等的"恐惧感"。经常被这类负面感受占住心灵,孩子的精神就容易受到创伤,发展下去,就可能产生自卑、懦弱、固执、压抑等不良的心理及性格特质,严重的甚至会精神失常,或者离家出走等。恐吓会误导孩子的认知与观念,甚至会影响到生命。前段时间,有个另类的"警方提示"在微信、微博上热传:"各位家长,请不要告诉你的孩子,如果他们调皮我们会把他们抓走。我们希望,他们害怕的时候会跑向我们,而不是被我们吓跑。"

一个怕警察的孩子,即使他有危险,他也不会去向警察求救。一个怕医生的孩子,治病的时候是不会跟医生配合的。一个怕老师的孩子,怎么可能安心听老师上课?

拿警察、医生等特定的社会职业来吓唬孩子,容易导致孩子对这类职业形成错误的认知与观念,误以为这类人都是可怕的,从而导致不良后果。

恐吓还会影响家长的形象与权威。恐吓通常对那些3岁以内的孩子是奏效的，但随着孩子年龄的增长和身心的发育，恐吓的威力将会逐渐失效。一方面，孩子会逐步认识到真实的一面，比如警察其实是保护和帮助我们的，医生其实是帮我们对抗疾病的。另一方面，就像《狼来了》的故事那样，有些吓唬的谎言说几次之后因为并没兑现，孩子慢慢就会意识到家长只不过是说说而已，进而会产生嚣张的心理，更严重的是，他们对家长言行的可信度会产生怀疑，这非常影响家长在孩子心目中的形象与权威。

写给爸爸的话：不用恐吓，怎样让孩子听话

作为爸爸，我们应该明白，恐吓和威胁是一种很愚蠢的手段，它不但不能让孩子变得听话，而且会伤害孩子的心灵。孩子需要的是一种安全的环境，包括身边的和心灵的。那么，想让孩子听话，不用恐吓，我们应该怎么做呢？

正面引导

比如，我们不能说：再不好好吃饭就叫警察把你带走。我们可以说：好好吃饭，吃完爸爸给你讲故事。我们不能说：你再不走我们就走了，不要你了！我们可以说：我们赶快回家，这样回家后还可以再玩一会儿。或者是：你还可以玩最后5分钟，5分钟后我们必须走！

我们要善于用正面的承诺来代替负面的威胁，这样有助于激发孩子的兴趣和欲望，从而接受我们的建议。或者我们可以给予孩子一个缓冲的心理时间，让孩子不至于因感觉家长太强势而产生逆反心理。另外，在孩子的表现超过我们能忍耐的极限时，我们也可以直接把他带走，这样的行为至少比用负面语言去恐吓他要好得多。

不要攻击孩子本身

"你真没礼貌！""你就会骗人！""你果然学不好！"……这种话就是在给孩子贴标签、下定义，容易让孩子破罐子破摔，激起孩子的逆反心理。"你认为我没礼貌,我就没礼貌一个给你看看""你说我不是学习的料,我就不往好了学""你觉得我说谎,那我就能骗多少是多少"。

找到合适的方法

有的爸爸说,孩子晚上睡觉前总要哭闹,有时哭一小时也不停,最后自己就失去耐性了,只能用恐吓的方式让孩子乖乖听话睡觉。其实,我们也许可以变换一个方式,比如讲个故事、放点儿轻柔的音乐、给孩子做个按摩等,都可以让孩子慢慢放松下来,自然就愿意好好睡觉了。

除此之外,当孩子执意不听我们的话时,我们也可以试试多给孩子一些选择机会,而不是只有一个选择,这样孩子会觉得有更多的自由,从而比较容易接受。比如我们可以说:你是要写完作业再玩,还是要先玩再写作业?而不是说:你必须马上写作业!否则就不让你玩了!

父母经常说"恐吓"的话,给孩子留下的童年阴影会伴随孩子的一生,孩子在人生道路和家庭生活中都会回想起来。相反,经常得到父母爱抚和受到温言细语对待的孩子,会幸福感满满,为人温和宽容,充满满足感,人生也会顺遂很多。

5. 对孩子说"不"越早越好

"能不能对孩子说'不'?"是很多父母都会纠结的。一直以来,各类专家对这个问题也是意见不一,有些人提倡尽量满足孩子(尤其在小月龄段),不能挫伤孩子的探索欲、求知欲、安全感;有些人提倡是非分明,觉得家长不说"不",会宠溺孩子,影响他们以后的人生观和世界观。但不管如何,他们都有一个共识,就是:不轻易说"不",但对不合理的要求要坚决地说"不"。

说"不"才能让孩子健康成长

现在的爸爸总是不遗余力地满足孩子,给他们能力范围内最好的一切。其实爱本身并没有错,怕就怕过度溺爱,无理纵容。卢梭说:"你知道运用什么方法,一定可以使你的孩子成为不幸的人吗?这个方法就是对他百依百顺。"

专家指出,孩子的成长必须经历"成对"的教育,生与死、相遇与离别、快乐与痛苦……所以心理上更是要具备"强化"与"负强化"的双重碰撞。所谓"负强化",就是在孩子成长中对他说"不",让他有痛哭一番的经历,让他知道他的要求不可能全部能满足……

俞敏洪曾经讲过这样一个故事。他的儿子小时候非常喜欢吃冰激凌,于是他的老婆每天都让儿子吃很多,以至于把牙齿都吃坏了。俞敏洪看这样下去不是办法,就给儿子规定,一天只能吃一个冰激凌,而且必须是吃完晚饭半小时以后才能吃。当时俞敏洪的儿子刚4岁多,还不知道半小时是什么概念。俞敏洪告诉儿子,那个长的针走到他指的地方就是半小时。

刚开始时,儿子很着急,会一直问俞敏洪:"爸爸,还没到时间吗?""爸爸,钟是不是坏了?""爸爸,钟不走了。"他半小时看了100多次钟。看到儿子焦急的样子,俞敏洪有些于心不忍,但俞敏洪还是忍住了,说不让吃就不能吃,坚决不让步,一定要到半小时以后才能吃。第二天,俞敏洪的儿子看钟表的次数有所下降;第三天,更少了……

一个不曾经受失望和痛苦的孩子,他的受挫能力是很低的,而且他的一些不良行为如果不能及时被制止,就有可能形成多种不良习惯。所以我们适当地约束孩子、拒绝孩子,对孩子的健康成长是非常有好处的。巧妙地拒绝孩子,既不会伤害他们的自尊心,也不会使孩子对父母产生怨恨,反而会提升父母在孩子心中的威信,同时也要使孩子懂得更多生活和做人的道理。

说"不"越早越好

美国著名的教育专家威廉·汉克说:"对于孩子的'无理的要求',我们不仅要对孩子勇敢说'不',而且说得越早越好。这是对孩子不良言行给予的拒绝和纠正,可以培养他们的规则意识。"

中国公安大学犯罪心理学教授、研究生导师李玫瑾也曾说过,对孩子说"不"的时间要早,一定要在孩子6岁之前。我们千万不要以为"孩子还小,什么都不懂,大点儿再说吧",其实孩子都很会看眼色,他的每一个无理要求其实都是在试探我们的底线在哪里。

我们若是在孩子6岁之前(最晚别超过10岁)对孩子说"不",可以想象他会大声哭闹、在地上打滚耍赖或者生气不理人,但这些都是暂时的……如果我们等到他12~14岁之后再对他说"不",他不会再简单地生气,他会和我们对抗,甚至离家出走,对我们进行各种极端的威胁。因为这时孩子已经有了对付我们的各种能力和选择。

写给爸爸的话:如何说"不",孩子才愿意听

父母不要怕你对孩子说了"不"字,孩子会因此讨厌你;也不要觉得恶狠狠地用双眼盯着孩子说"不",孩子就会乖乖束手就擒。说"不"时,态度要和善而坚定,它不仅仅是一个字的回答,也是一种教养策略,父母如何说"不",孩子才愿意听呢?

用"可以"取代"不行"

儿童教育专家表示,有一些孩子无法理解父母为什么会拒绝自己的要求。比如,孩子想要吃糖,父母说:"晚饭前不准吃糖。"那么只会导致孩子生气、哭闹。如果父母说:"可以,饭后我会给你吃糖,现在咱们先喝一杯酸奶吧。"这种表达方式,孩子会更乐于接受。

耐心解释、说出自己的感受

我们要向孩子耐心解释,自己为什么不喜欢他的行为。比如,当爸爸多次告诉孩子刚拖完地,先不要上去踩时,孩子还是照踩不误,我们

可以说:"爸爸辛辛苦苦拖干净的地板,你这样做,是不尊重爸爸的劳动,爸爸很伤心。别再这样做了,好吗?"跟孩子讲道理似乎是徒劳之举,但是的确会让孩子明白一个道理:他所做的影响了别人,要学会考虑他人的感受。

家长以身作则

我们对孩子提出的要求"不可以这样""不可以那样",孩子接受了,但同时也会以同样的标准反过来要求我们。比如,我们不让孩子玩手机、玩平板电脑,可是自己却当着他们的面玩游戏,孩子就会反问:为什么你可以玩啊?在孩子简单的世界里,规则是人人平等的。

《仅有一次的人生,就要酣畅淋漓地活》的作者萧萧依凡说:"如果要成就一个孩子,家长就应该学会跟孩子说'不'。说'不'的姿势要优雅,理由要充分,态度要坚决。刚开始,孩子可能不太听得懂那些大道理,他可能只知道自己被拒绝了。但是,随着他的成长,那些道理会潜移默化地影响他,让他成长为一个自律努力的大人。"

6. 孩子越打越逆反

有些家长认为,孩子不听话,打几下就管用了。但美国曾进行一项关于打骂教育的研究,时间跨度长达50年,涉及16万名儿童。研究的结果显示,打孩子只会让孩子更不听话,在成长过程中挨家长打会提升孩子的攻击性,导致心理问题和认知困难,长大后更容易出现反社会行为。

为什么有些父母会经常打骂自己的孩子

父母自己从小在打骂的环境中长大,更容易打骂孩子。一项研究表明,虐待儿童的成年人,大多数小时候也曾经历过虐待。他们与父母的相处模式就是畸形的、暴力的、疏远的,没有人教会他们如何去爱,如何去关怀,如何去保护一个比他们更弱小的人。这类父母认为,打骂是他们与孩子唯一的"亲子交流"模式。

还有一些爸爸,对自己的孩子有着不切实际的期待和幻想,不了解儿童的发展轨迹和不同年龄段儿童的需要。不少成年人,并没有准备好当父母,他们就会吃惊于一个孩子需要的关爱和注意,而且不知道该怎么样应对这样高的需求。这时候,这些父母就会产生厌烦、愤怒、挫败等负面情绪。

望子成龙的心态也让一些父母直接忽视了孩子可能有的先天或者后天不足,对孩子出于自然的错误和失败没有包容和谅解,反而产生怨恨和愤怒。

另外,一些父母的生活和育儿压力大,缺乏家庭和朋友等的外界支持。不少打骂孩子的父母都生活在压力巨大的环境中,有人疲于奔命,有人在苦苦挽救濒临破碎的家庭。此时,孩子作为一个手无缚鸡之力的弱者,一个家庭结构中最底层的成员,很容易成为父母负面情绪发泄的对象。

孩子不听话,不是非打不可

每个孩子都有"不听话"的时候,而成年人需要站在儿童的角度,努力理解他们的所想所为,以他们乐意接受的方式对其成长进行引导。你必须要把孩子当作一个"人"来平等对待,而不是当作一个"弱小的人"来征服。要记住,凡通过打骂能解决的问题,通过态度友好的教育也可以完成。

张强带儿子去超市购物,儿子看见一种加了很多色素的饮料,非要买。张强非常坚定地告诉他,这个不能买,不卫生,无论什么时候都不可以喝这个。儿子很生气,说什么也不肯离开那个地方,最后干脆躺在地上哭闹。

一般的家长会碍于面子或其他的原因,对孩子进行说教,如果孩子还是不听,大部分家长就会动手。可是张强并没有生气,就像平时看儿子玩沙子一样，若无其事地等着他。在等的过程中张强还看看别的商品，和营业员说句话。儿子发现爸爸不生气，不在意他发脾气，哭闹得更厉害。他在地上打滚，衣服全弄脏了，路过的人也纷纷看他。

张强依旧沉住气，也不着急，待儿子哭不动了，他蹲下身，用商量的口气问儿子："咱们走吧？"看到爸爸来关照他，儿子又开始哭闹，于是张强就又没事人似的站起来，在他跟前溜达。

这样几个回合后，儿子没劲儿了，张强又蹲下微笑着问他："好了吗，可以走了吗？"儿子意识到再闹也就这样了，就乖乖地站起来，跟着爸爸走了。

专家表示："打孩子是一种陋习和恶习。一个用武力征服儿童的成人，无论财富多么丰厚，地位多么显赫，学问多么高深，打人理由多么充足，都是智慧不足的表现。这一瞬间，你以为自己强大而正义，其实是缺少理智，恃强凌弱；你在弱小的孩子面前心理全部失守，只能从体力上给自己找平衡。"

写给爸爸的话：不打孩子，我们应该怎么做

美国儿童教育家海姆·吉诺特曾说过："惩罚不能阻止不良行为，它只能使罪犯在犯罪时变得更加小心，更加巧妙地掩饰罪行，更有技巧而不被察觉。孩子遭受惩罚时，他会暗下决心以后要小心，而不是要诚实和负责。"那么，不打孩子，我们应该怎么做呢？

尊重孩子的权利

我们要学会用文明的方法对待孩子，拳脚相加是一种不道德、不文明的行为。我们可以批评惩罚孩子，并不意味着可以不尊重孩子。几乎没有一个孩子是被打好的。因为当孩子被打得多了，他的思维就会僵化，学习也只是应付了事，何况打孩子还可能把亲子关系打糟了，关系不好教育就无从谈起。所以我们一定要善待孩子，将心比心是做好教育的最简易方法。

鼓励孩子说真话

我们如果不用打骂、斥责等消极方式对待孩子，就可以避免孩子用谎话来应付我们，并让他们与我们建立相互信任的关系。即使孩子犯了错误，只要说了真话，我们就应该肯定孩子的勇气和胆量，并引导他改正错误，不断地完善自己。

让孩子自己找错误

有的父母可能会问，如果不打孩子，那么怎样找到合理的批评、惩罚孩子的方式呢？其实我们可以让孩子自己找错误。父母要冷静耐心地引导孩子，帮助孩子找到自己身上的错误，还可以共同做出规定，如何改正或保证再不重犯的一些规定，让孩子养成自己要为自己的错误负责的习惯。

教育专家指出："严厉教育的目的虽然也是想给孩子打造出华美的人生宫殿，到头来却只能制造出一间精神牢笼，陷儿童于自卑、暴躁或懦弱中，给孩子造成经久不愈的内伤。说它是危险教育，一点儿也不为过。"父母要始终记住这样一句话：打孩子是愚蠢的，打孩子是没有好结果的。

7. 如何给孩子定规矩

去超市前和孩子说好了不买零食，可是他一进去就攥着糖果、玩具不放手；和孩子讲好了在楼下玩 20 分钟就上楼，到时间后他偏闹着再玩一会儿；原本和孩子说好了写作业的时间，可是他一会儿看电视一会儿吃东西，一直拖到睡前才哭着说他的作业还没做完……我们给孩子定的规矩，总是很容易被孩子推翻！那么我们应该怎么办呢？

给孩子立规矩，是对孩子的保护

杜布森博士在《勇于管教》中有一段话谈到："如果悬崖边上设有栏杆，那么人就敢靠着栏杆往下看，因为不会害怕摔下去；如果没有栏杆，大家在离悬崖很远的地方就停住了，更别说站在悬崖边缘往下看了。栏杆就是界限，知道界限（规矩）的孩子会有安全感，相反，没有界限的孩子没有安全感，因为他不知道安全的尺度在哪里。"

爱孩子，是我们的本能；给孩子立规矩，让他成长为一个能够独当一面的大人，是我们的责任。有了规矩，孩子知道什么能做，什么不能做，知道可以期待什么、等待什么，而不是反复地试探父母的底线。比如吃完饭可以吃甜点，上床之后才能讲睡前故事。对于年幼的孩子来说，这些生活中的规矩、这些规律性出现的事情，就是安全感的来源。

同时，规矩也可以保护孩子。孩子涉世未深，如果没有人告诉他们该做什么、怎么做，他们就会没有生活的方向，也很可能容易遭受挫折与失败，从而失去安全感，严重的情况下，甚至会让孩子的自信、自尊受到打击。规矩不仅给孩子开辟了一定的活动空间，还能帮助孩子避免危险，比如，遵守交通规则。

规矩还能够增强孩子的社会生活能力。守规矩，能让孩子明白自己和他人的界限，明白做事情的界限，能够让孩子的社会洞察力得到发展，从而更好地适应周围的世界。如果没有规矩，孩子就无法学会替别人着想，这对孩子日后的人际交往极为不利。比如，大家要轮着玩跷跷板，经常和别人抢的孩子必定会遭到其他人的疏远。

写给爸爸的话：如何给孩子定规矩

李开复说："规矩不能墨守，也不是规矩越多越好，相反，简洁有力的规矩更能发挥作用。比如在吃饭方面，你如果事无巨细，连吃多少饭粒都要帮孩子确定出一个数目，那肯定会引起孩子反感，而且也不切合实际。找出孩子行为举止中最重要的几个方面进行规定，会让孩子更有目标。"那么，我们应该如何给孩子定规矩呢？

给孩子定规矩要简单、具体

孩子的理解能力没有那么深刻，自我控制能力也不强，确立十分复杂艰难的规矩，非但不能够让他遵守，反而会让他越来越糊涂。我们要把规矩讲得简单、具体，而不是简单粗暴地命令孩子。比如"把床铺好""地面无垃圾""衣服都放在衣柜里"等，而不是"把房间收拾好"。

全体成员共同制定并遵守

首先，规矩是全体成员共同制定并遵守的，孩子也有权制定规矩。规矩需要全体人员的同意，否则就是控制不是规矩。比如看电视的时间不可以超过30分钟，一旦这样规定了，家里的成员就都要遵守这个规定。通常规矩的执行是言传身教的结果，不要指望孩子一下子就接受所有的规矩，只有全体成员严格遵守，孩子才可能学着去遵守，也只有这样，很多规定才能够内化到孩子心里。

给孩子适应规矩的时间

每个孩子面对规矩的表现都不一样，也许一个好行为的养成，需要父母说上几十甚至上百遍。我们应设身处地为孩子着想，给他适应的时间。当你希望孩子能够重视一个问题时，除了提出语言上的要求，还要有表情和行动。我们要始终保持温柔而坚定的态度。

父母的实际行动是最好的课堂

当我们想让孩子明白规矩并遵守时，我们的实际行动是最好的课堂，请不要只是在他的耳边唠叨，或仅仅在事后采取惩罚，一定要亲自演示给孩子看。就拿孩子不能玩电源插座来说，如果我们的态度是平静中夹带严肃，再加上微怒的表情，大多数孩子能领悟到其中的厉害，通常不会再去触碰。但如果我们过于紧张，声调高扬而唠叨，孩子就会滋生出强烈的好奇和对抗，与你展开头疼的周旋战。

一个有规矩的孩子，在和别人一起相处的时候，会带给别人快乐和轻松，也会让人赏心悦目。规矩的确是孩子成长道路上不可缺少的一把标尺。

8. 面对孩子的无理要求，坚持原则不妥协

逛街时，看见喜欢的玩具就要买；一放学，第一时间就要求家长买零食；别的小朋友手里都拿着平板电脑、电子游戏机，自己大哭着要爸爸买……孩子总是会有许多要求，大多数爸爸都会尽量地满足自己的孩子。但是孩子有时候会有一些无理、滑稽的要求，如果父母还是一味满足的话，就是在害孩子。

轻易向孩子妥协会造成什么后果

一般的孩子到了3~5岁，就开始有任性的倾向，开始懂得用哭声来表达自己的要求。这时，面对孩子的任性和无理，父母一定要明白，无论他怎么样大哭大闹，怎么样无理取闹，都绝对不能够心软和妥协，一妥协，我们在孩子面前就已经输了。这样只会养成孩子放纵、爱哭的不良习惯。时间长了，孩子任性、执拗的个性就会逐渐形成和发展。

一对夫妻带着5岁的儿子自驾旅游。当时，车辆行驶的路段，并没有什么车，一家人说说笑笑非常欢乐。这时，5岁的孩子对爸爸妈妈说，他想摸摸方向盘。孩子的爸爸当然坚定地拒绝了。

可是听到爸爸的拒绝，孩子开始哭闹起来，说什么都要摸摸方向盘。孩子的妈妈看孩子哭，心一软，就对丈夫说道，反正路上也没什么车，就让孩子摸一下吧。于是孩子就摸了一下。可是孩子摸了一下没过瘾，还想像平时开玩具汽车一样转一转方向盘，孩子的爸爸再次拒绝了。

没想到孩子又开始哭闹，孩子的妈妈就跟丈夫说："你在一旁看着，手扶着方向盘，如果有危险你也能及时阻止。"就这样孩子高兴地开了一会儿。爸爸妈妈让孩子回到后座位。后来，孩子又哭了起来，孩子的妈妈受不了孩子哭闹，说："好吧再给你开一会儿……"结果没多久，车辆刚好过桥，一不留神车子撞破围栏直接掉到了河里，一家三口全部遇难。

只要父母一直坚守原则，孩子就会慢慢明白，自己的哭闹成不了武器，有些事情父母肯定会拒绝他。而在事后，我们再同孩子有效沟通，孩子也就能够慢慢理解，并且会越来越懂事。

父母的爱，无条件，有原则

阿力不小心打破了爸爸最喜欢的碗，他很担心爸爸会责骂他，于是去找爸爸，假设了各种"不乖"的可能，做了一场"爱的测试"。

阿力问爸爸，是不是只有他乖乖的时候爸爸才爱他。爸爸微笑着对他说："我永远爱你呀！"阿力又问爸爸，他做了坏事，爸爸也一样爱他吗？爸爸回答："那我还是会爱你的，小宝贝。"

接着阿力又问道，如果他和好友乔乔用枕头打仗，把里面的羽毛弄得满天飞，爸爸还会爱他吗？阿力的爸爸回答道："我还会爱你，但你必须把所有的羽毛都捡回来。"阿力问如果他把新买的颜料罐子弄翻了，把妹妹的身上弄得绿一块、红一块，爸爸还会爱他吗？爸爸说："我会永远爱你的，可是你得给妹妹好好洗个澡。"阿力问如果他把奶奶做的麦片粥都倒在头上了，爸爸还会爱他吗？爸爸告诉阿力，他会永远爱他的，可是阿力必须再喝一碗奶奶做的麦片粥。

在问了几个问题后，阿力告诉爸爸，他把他最心爱的碗给打破了，并流着泪向爸爸道歉，然后问爸爸，是否还会爱他。爸爸抱着阿力告诉他："我当然爱你了！"

父母对孩子说的"我爱你"之后的转折"可是"，都是在提醒孩子这样做会引起什么后果，让他对自己的所作所为负责，让他为自己的错误和过失承担后果，让他尽可能想办法恢复或弥补。

美国一位著名的教育家说，父母要坚持自己的原则。慢慢地，孩子就会习惯遵守一些规则，同时也不会感觉被限制、被束缚。这种方式一方面可以促进亲子关系良性发展，另一方面可以培养孩子的能力，让孩子健康成长。

写给爸爸的话：如何拒绝孩子，坚持自己的原则呢

孩子的情感特点是比较丰富的，常常易变、外露。高兴时，有说有笑；伤心时，大哭大闹。特别是三四岁的孩子由于自制力差，常常不分场合、不分地点，毫无保留地暴露自己的情感。面对孩子的不合理要求，我们要学会把握分寸，注意尺度和语气。那么，我们应该如何拒绝孩子的无理要求呢？

拒绝的语气要肯定，态度要温和

对于孩子的要求，我们的态度要明确，语言要简单，可以有清楚明白的必要解释，但是不要反复唠叨，反复讲道理。我们拒绝孩子的时候也不要带任何父母的情绪，如大声斥责、黑着脸冷言冷语，这样只会使孩子更加反感。

拒绝的过程中尽量不讨论是非对错

我们要明白，自己只需要表明自己的态度和原因即可，没有必要让孩子必须认可，更不要试图马上说服孩子，允许孩子保留自己的想法。我们只是告诉孩子他的想法不能被满足，不代表孩子的想法错误，这样可以降低孩子的不满情绪。

父母的态度要一致

对于孩子同样的事情，我们的态度要始终如一，前后一致。我们一定要避免根据自己的情绪决定对孩子的态度，心情好的时候，有求必应；心情不好，对孩子的要求一律拒绝，这样不仅不会给孩子良好的规范，甚至会伤害孩子。另外，同样的事情，家人之间也要尽量一致。有些孩子很会耍小聪明，在妈妈这里得不到，就去找爸爸，爸爸心疼孩子，就会满足孩子。这会造成大人之间教育孩子的不一致，不利于孩子养成一些必要的行为习惯。

拒绝和满足要结合进行

我们也不能全部拒绝孩子的要求，必要的情况下，我们需要给孩子适当的满足，让孩子知道怎么做才是正确的。拒绝和满足要结合进行，才会引导孩子健康发展。

对事不对人

我们在拒绝孩子的时候要明确一点，是拒绝孩子要求的这件事情，不是拒绝孩子。也就是要让孩子感觉到，我们是对事情有不同意见，这样的意见不会影响我们对孩子的爱。

苏联教育家马卡连柯说："人们时常说，我是母亲，我是父亲，一切都让给孩子，为他牺牲一切，甚至牺牲自己的幸福，这恐怕是父母送给孩子的最可怕的礼物了。无条件满足孩子任何要求，就好比每天给孩子吃一点儿毒药，时间长了，孩子的幸福就被我们慢慢给'毒杀'了。"所以，真正爱孩子，就要学着温柔而坚定地拒绝孩子。